〝美乳〟も〝美脚〟も〝美尻トレ〟から

ヤセたければ「おしり」を鍛えなさい。

CONTENTS

- ハリウッドの最新トレンドは「おしり」!
- 「おしり」を鍛えるといいことずくめ&「おしり」の常識・非常識!
- 「おしりスイッチ」を入れるとボディは劇的に変わる!
- 「おしり」のしくみ&自分の「おしり」を知る簡単セルフチェック!
- 4タイプ別「おしり」の弱点&鍛え方
- パーフェクトな「美尻」の条件
- 「おしり」に効くベイビーステップ理論&美尻トレ〝3要素〟メソッド
- 1日たった5分で上がる!
運命の美尻トレ **1st STEP ～ 3rd STEP**
- 日常で気軽にできる〝ながら〟美尻トレ&NG習慣
- 美尻対談 おしりマニア2人の「美尻」本音トーク

僕がヒップアップアーティストになった理由

01

歩けない老人のためのレッスンで気づいた、おしりを鍛える重要さ

僕はもともと、フィットネスクラブで人材育成とプログラム開発を担当していました。当時、シニア世代の顧客のトレーニングで、いくら脚を鍛えてもヒザの痛みが解消されず、楽に歩けるようにならなかったことが、おしりの筋肉に注目したきっかけでした。そこで、集中的におしりの筋肉を鍛えてみたら、76歳のご老人が、再び歩けるようになったのです。それからいろいろな書籍やレポートを読み漁って、おしりの構造や動きについて徹底的に研究しました。その結果、おしりを鍛えるだけでケガや腰痛などの予防効果が期待できるだけではなく、全身のスタイルもよくなるし、スポーツのパフォーマンスも上がる……まさにいいことずくめだという事実に気づいたのです。

02

日本人のおしりは「美尻トレ」でかっこよくセクシーになれる

日本人のおしりが小さいのは、骨盤が前傾していないためです。白人や黒人は、もともと骨盤が前傾していておしりが突き出ています。黒人のアスリートの身体能力が高いのも、実はこれが主な理由。骨盤が前傾していると、おしりの筋肉のパワーを発揮しやすくなるんです。今まで日本では、骨盤を前傾させるトレーニングは腰痛の原因になるのでよくないとされていましたが、僕のレッスンでは、腰に負担がかからないよう筋肉を鍛えていきます。ですから「美尻トレ」をやれば、誰でも欧米人のような丸くて上向きのヒップになれる。ウサイン・ボルトのように力強いおしりも、不可能ではありません。この本を読んで、自分史上最高にかっこいいおしりを、ぜひ手に入れてください！

ヒップアップ・アーティスト

TAKASHI MATSUO

松尾タカシ

新トレンドは「おしり」！

れもワークアウトも、ヒップコンシャスに。日本にも上陸確実、おしりブームに乗り遅れないで！

最新ファッションもおしり見せドレスがトレンドです

レッドカーペットでのドレスも、おしりを強調したデザインや、ヒップ部分がシースルー素材のものなど、ヒップを強調したタイプが流行中。

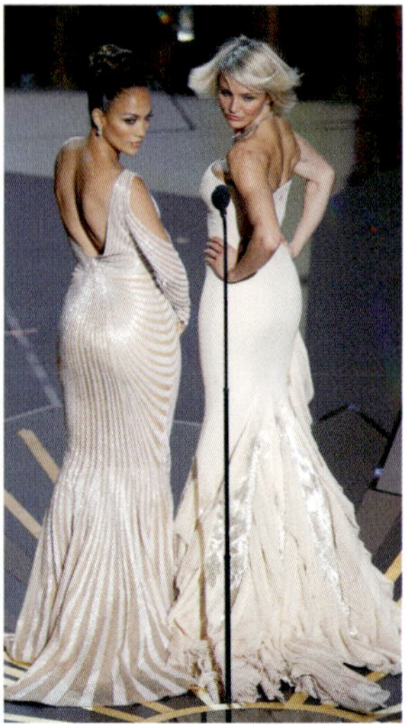

右・キャメロン・ディアスとジェニファー・ロペスも美しいドレスでおしりをアピール　左・横から見るとヒップラインが丸見えのグウィネス・パルトロウ

歌姫もこぞっておしり魅《み》せ！

セクシーな衣装で話題を振りまく女性アーティストたちも、近頃は胸よりもおしりで魅せる衣装にシフト。ライブではレオタードが主流です。

右・過激なパフォーマンスと衣装で話題を呼ぶマイリー・サイラス　左・マドンナのライブでも、おしりを強調した衣装でステージへ

いま空前の「おしり」ブーム

ハリウッドの最

美のトレンド発信地、ハリウッドでもおしりに注目。おしゃ

おしりを鍛えるのがセレブの常識

おしりの見た目にこだわる海外セレブたち。ヒップ専門のカリスマパーソナルトレーナーは、セレブたちからひっぱりだこ状態に。

右・ミランダ・カーもおしりを熱心にワークアウト　左・ヴィクトリアズ・シークレットモデルたちのおしりを鍛える専属トレーナー、リアンドロ・カーバルホ

最も憧れるセクシーパーツは迫力あるおしり!

ハリウッドスターのボディパーツの中で、みんなが憧れるのもヒップ。ビヨンセのようなボリュームあるヒップが、人気ナンバーワン。

右・「もっともセクシーだと思うヒップ」ランキング上位の常連といえばビヨンセ。女性らしい曲線が魅力のヒップ
左・ジェニファー・ロペスのような肉感的おしりが、みんなの理想です

PHOTOS : AFLO

幸せを呼ぶ美尻トレ

「おしり」を鍛えると いいことずくめ!

美尻トレが効くのは、おしりだけじゃないんです。ダイエットにも
オシャレにもいいことばかり。おしりを鍛えてハッピーになりましょ。

美尻トレでおしりを鍛えると……

歩くだけで脚が細くなる

脚が太くなるのは、歩くときにももなどに頼っていて、脚の筋肉が発達してしまうのが主な原因。正しいおしりの筋肉の使い方ができるようになると、歩くだけで脚は細くなっていくのです。

ウエストがくびれてくる

美尻トレでおしりを鍛えることで、姿勢よく美しく歩けるようになります。同時におしり周辺の筋肉、骨格が整うため、背中からのヒップラインが上がり、ウエストが自然と細くなってきます。

O脚が改善されて美脚になる

美尻トレで重要な運動のひとつが、ヒザを外側に回しておしりを締めるトレーニング。これによって、脚を内側に締めるための内転筋も鍛えられるので、O脚が改善され、まっすぐな美脚になります。

美しいデコルテ作りにも効果アリ

美しいおしり作りに欠かせないのが、骨盤の前傾。この動きに関わる腸腰筋は背骨の安定にも関わっている。美尻トレを続けると背中上部の筋肉が動き出し、姿勢がよくなり、デコルテが開きます。

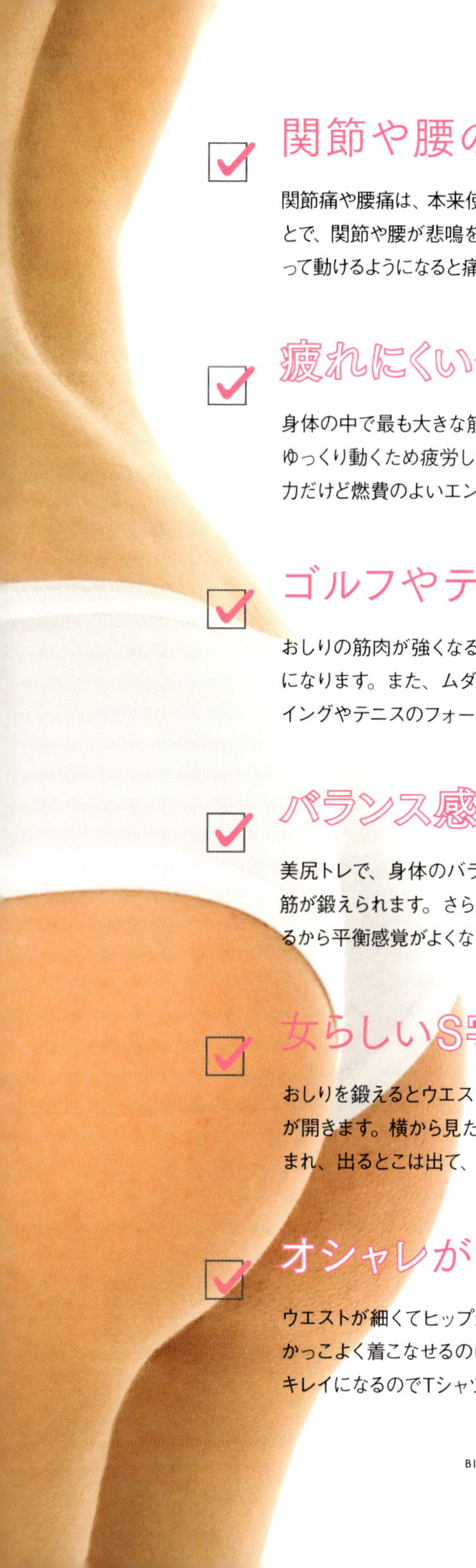

☑ 関節や腰の痛みが改善される

関節痛や腰痛は、本来使うべきではない筋肉に負担がかかり過ぎることで、関節や腰が悲鳴を上げている状態。おしりの筋肉をきちんと使って動けるようになると痛みは軽減。もちろん予防にも効果が。

☑ 疲れにくい体質になる

身体の中で最も大きな筋肉群が、おしりの筋肉。さらにこの筋肉は、ゆっくり動くため疲労しにくいという性質が。つまりおしりは、高出力だけど燃費のよいエンジン。鍛えれば持久力がアップすることに。

☑ ゴルフやテニス……スポーツが上達

おしりの筋肉が強くなると、骨盤と背骨が安定したまま動けるようになります。また、ムダな箇所に力が入らなくなるため、ゴルフのスイングやテニスのフォームが安定し、スコアや成績も高め安定に。

☑ バランス感覚がよくなる

美尻トレで、身体のバランスを保つためのインナーマッスル、腸腰筋が鍛えられます。さらに骨盤が矯正され、身体の歪みも改善されるから平衡感覚がよくなり、スポーツなどのパフォーマンスも向上。

☑ 女らしいS字カーブが手に入る

おしりを鍛えるとウエストはくびれ、ヒップは丸みが出て、デコルテが開きます。横から見たとき背中からヒップにかけてS字カーブが生まれ、出るとこは出て、ウエストはくびれたセクシー体型に。

☑ オシャレがもっと楽しくなる

ウエストが細くてヒップが出ていると、ジーンズやタイトスカートもかっこよく着こなせるのは言うまでもありません。デコルテラインがキレイになるのでTシャツも似合うようになり、オシャレが楽しく。

常識＆非常識！

込みを捨てるところからスタートします。おしり博士・松尾さんが「おしり」に関する一般常識を斬る！

非常識 ガードルをはけば「おしり」は垂れない！

おしりを支える「抗重力筋」という筋肉は、重力に反発する動きで発達する性質があります。ヒップが垂れないようにガチガチに包んでしまうガードルは、その筋肉を衰えさせてしまい、おしりは下がるばかり。

常識 「おしり」を鍛えるとバストアップする！

おしりの大部分を占める「大臀筋」や「腸腰筋」は、背中の筋肉とつながっているため、ここを鍛えることで姿勢がよくなり、自然に胸が開きます。バストの位置も上がってキレイになるので、いいことずくめ。

今までの先入観は間違い!?

「おしり」の

美尻への道は、おしりに対する誤った思い

非常識 ピラティスだけで完璧な「おしり」になれる！

ピラティスでは、背骨や骨盤の位置を前へ倒れないようキープして動くのが基本。でもおしりの筋肉の進化には、骨盤を前傾させることが重要です。ピラティスだけではおしりは充分に鍛えられないのです。

常識 80歳からでも「おしり」は上がる！

おしりの構成要素は、ほぼ筋肉。だからトレーニングすれば、いくつになっても垂れたおしりを上げることは可能です。歩けなかった76歳の女性が「美尻トレ」でヒップアップし、歩けるようになった事例も。

非常識 日本人は欧米人のようなセクシーヒップになれない

丸みのあるセクシーヒップは日本人には無理とあきらめていませんか？日本のワークアウトの常識を変える「美尻トレ」なら、出るとこは出て、ウエストはくびれた、憧れの「不二子ちゃんボディ」を実現します。

ボディは劇的に変わる！

秘密のカギ〟、それが「おしりスイッチ」なのです。

まずは日本人の「おしりリミッター」を外そう

日本人は腰がまっすぐで、骨盤が後傾気味。骨盤が前傾する欧米人のように大きく突き出たおしりになりにくいのは、これが主な原因です。だから日本のワークアウト業界には、骨盤を前傾させると腰に負担がかかり、腰痛になるという固定観念がありました。ですがこれは間違った思い込み。腸腰筋という体幹深層の筋肉を鍛えれば、骨盤が前傾しても腰に負担をかけず、日本人の美尻化を阻害していた、硬くなった筋肉や歪んだ骨格を調整できます。まずは美尻トレで骨盤を前に傾けて、「おしりリミッター」を外しましょう。

どうして「おしり」を鍛えると全身がヤセるの？

正しい美尻トレをして「おしりリミッター」が外れると、何が起きるのか？　おしりの筋肉は身体の中でもっとも大きな筋肉で、身体のほかの多くの筋肉と連動しています。だからおしりだけを鍛えても、ヒップアップはもちろん、おしりとつながるももへの負担が減ることで脚が細くなり、O脚が改善。さらに腹筋も背筋も発達してウエストはくびれ、猫背も直ってデコルテラインがキレイになり、バストアップまで叶えてしまう。美尻トレは、おしりを鍛えることで身体のスタイル全体が整う、まさに夢のワークアウトです。

美乳も美脚も手に入る!

「おしりスイッチ」を入れると

おしりを甘やかしている人はまだ気づいていない

「おしり」が使えていないと、脚は太くなる!?

ジムに行ったり、話題のエクササイズを試しても、いっこうにヤセない。もしくは、気になるパーツは改善しないまま。その最大の原因は、「おしりスイッチ」が入っていないから！　一般的に、日本人は猫背で内股気味。この姿勢のままいくらエクササイズをしても、ももに力が入り過ぎて下半身が太くなり、腹筋も正しく鍛えられません。美尻トレによって「おしりスイッチ」をONにすると、筋肉や関節、骨格が正しいポジションに入り、エクササイズの効率を高め、体型も整っていきます。

だから……

「おしりを鍛えれば、
全身がキレイにヤセていく!」

る筋肉のしくみ

その中で、筋肉だけが鍛えることのできる部位。そして筋肉を鍛えれば、骨盤も股関節もおしりも変わっていきます。

おしりを作る抗重力筋

筋肉には、推進筋と抗重力筋の２つの種類があります。おしりを支えているのは、主に抗重力筋。名前の通り、重力に反発する力や体勢で発達する特性があります。すぐに鍛えられるハムストリングスや腹筋などの推進筋と違い、３ヵ月くらいかけてゆっくり発達していくので時間はかかりますが、鍛えても太くなりにくいため女性らしくしなやかなボディに。さらに一度鍛えてしまえば、日常の動作でも維持できるのも特徴です。

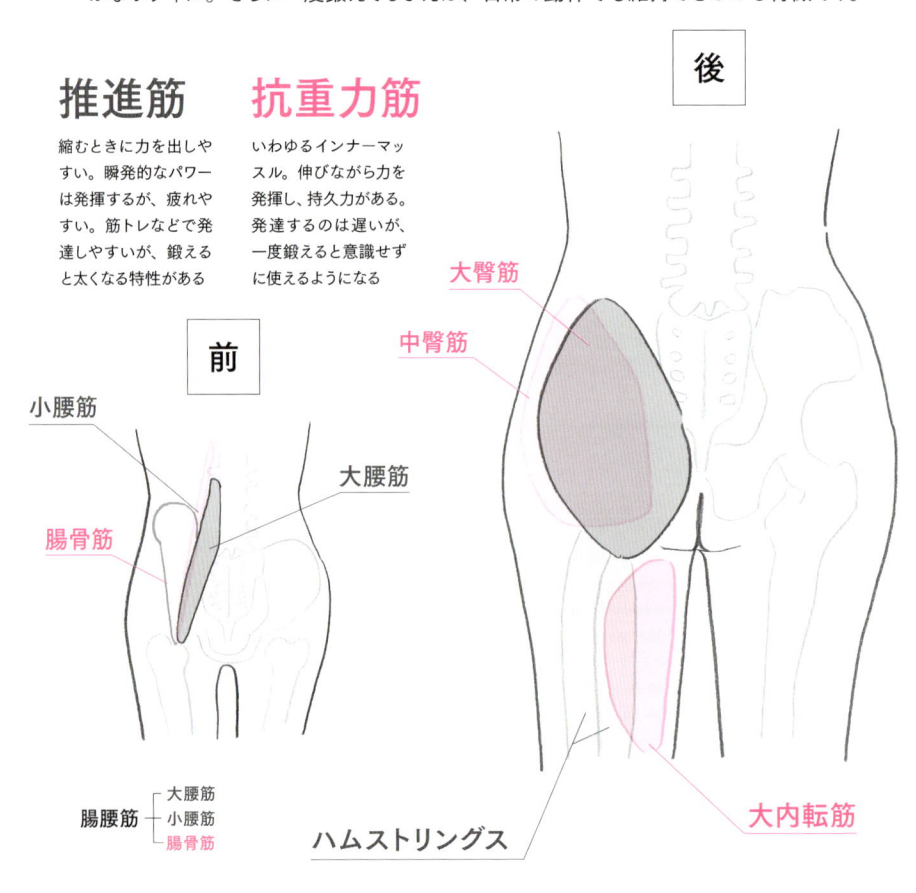

推進筋

縮むときに力を出しやすい。瞬発的なパワーは発揮するが、疲れやすい。筋トレなどで発達しやすいが、鍛えると太くなる特性がある

抗重力筋

いわゆるインナーマッスル。伸びながら力を発揮し、持久力がある。発達するのは遅いが、一度鍛えると意識せずに使えるようになる

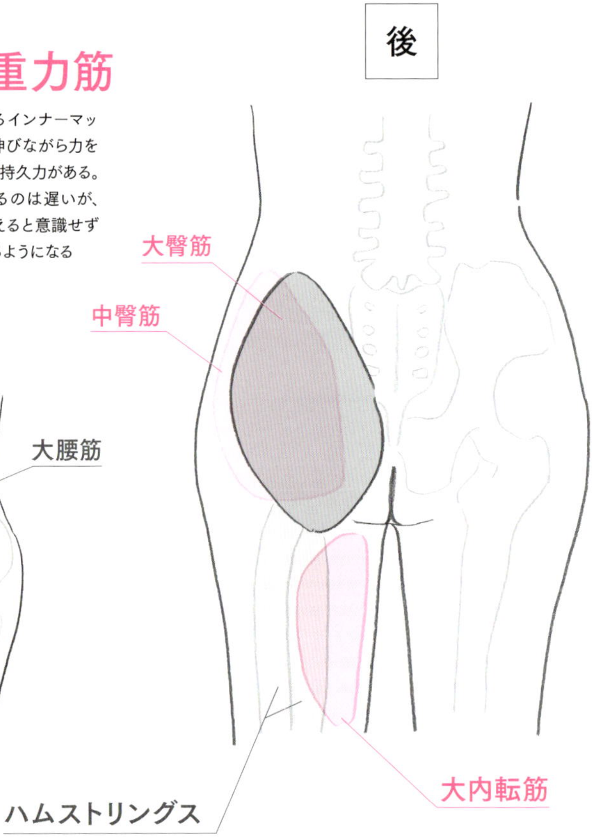

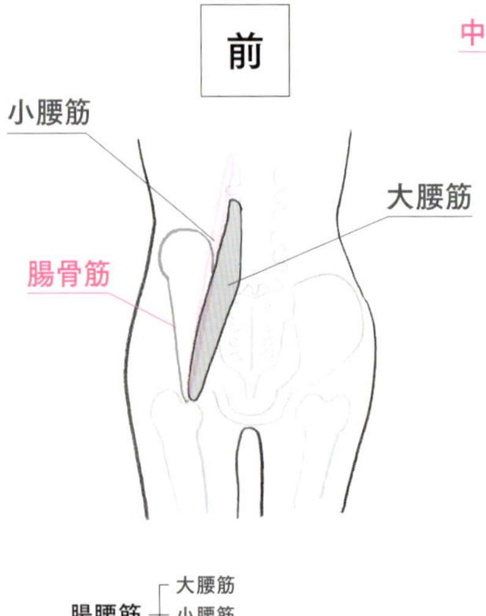

腸腰筋
- 大腰筋
- 小腰筋
- 腸骨筋

※イラストの筋肉は身体の左右両側にあります

美尻トレで鍛えるのはココ！

「おしり」に関わ

おしりのカタチは「筋肉」、「骨盤」、「股関節」で決まります。

おしりを支える3つの筋肉

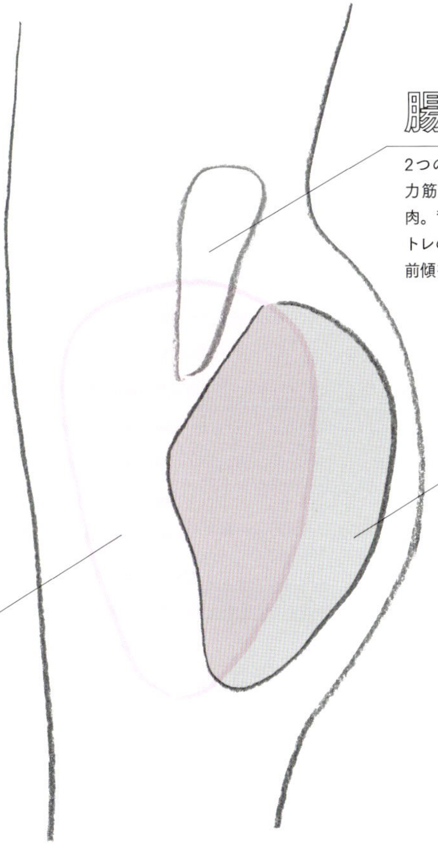

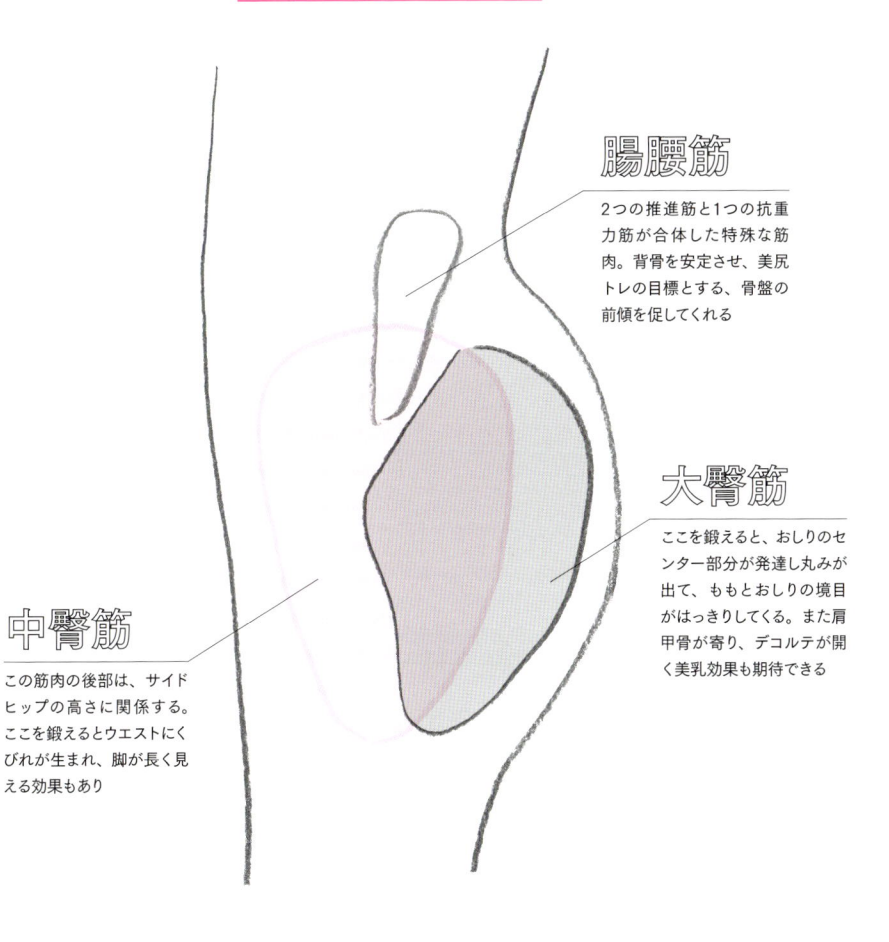

腸腰筋

2つの推進筋と1つの抗重力筋が合体した特殊な筋肉。背骨を安定させ、美尻トレの目標とする、骨盤の前傾を促してくれる

大臀筋

ここを鍛えると、おしりのセンター部分が発達し丸みが出て、ももとおしりの境目がはっきりしてくる。また肩甲骨が寄り、デコルテが開く美乳効果も期待できる

中臀筋

この筋肉の後部は、サイドヒップの高さに関係する。ここを鍛えるとウエストにくびれが生まれ、脚が長く見える効果もあり

知る簡単セルフチェック!

ります。身体のどの部分が最初に壁に触れたかで、おしりのタイプを判定します！

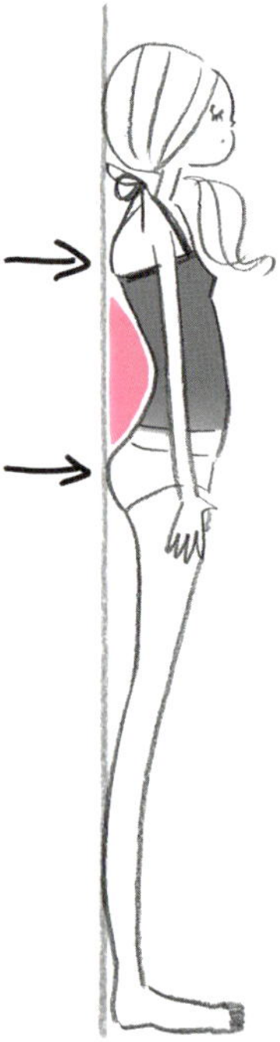

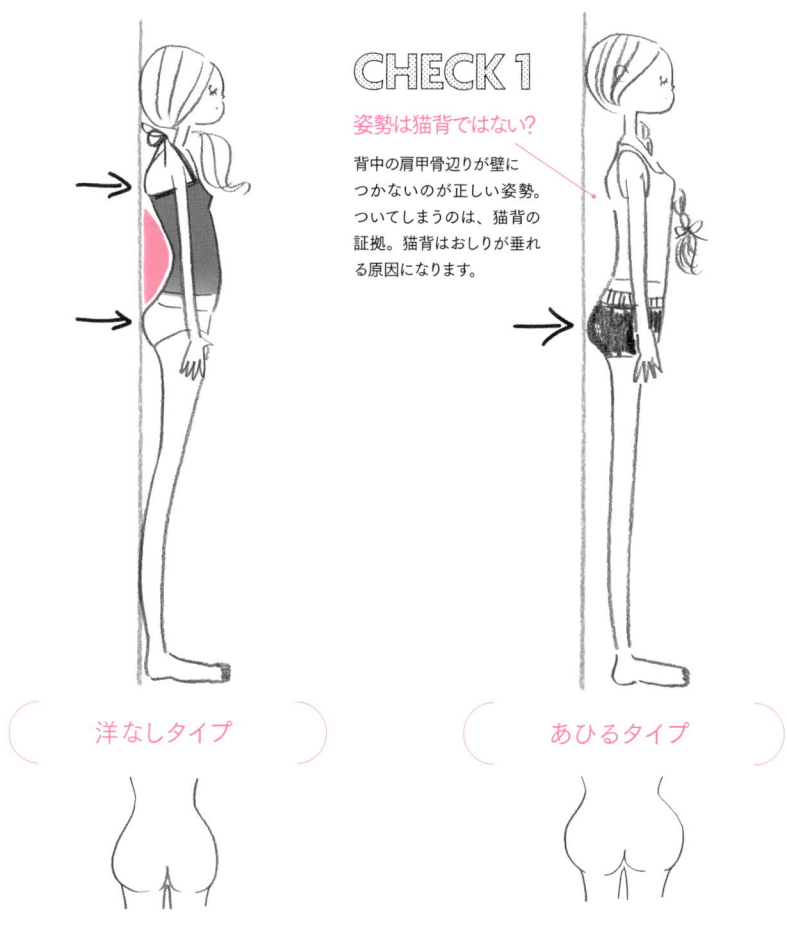

CHECK 1

姿勢は猫背ではない？

背中の肩甲骨辺りが壁につかないのが正しい姿勢。ついてしまうのは、猫背の証拠。猫背はおしりが垂れる原因になります。

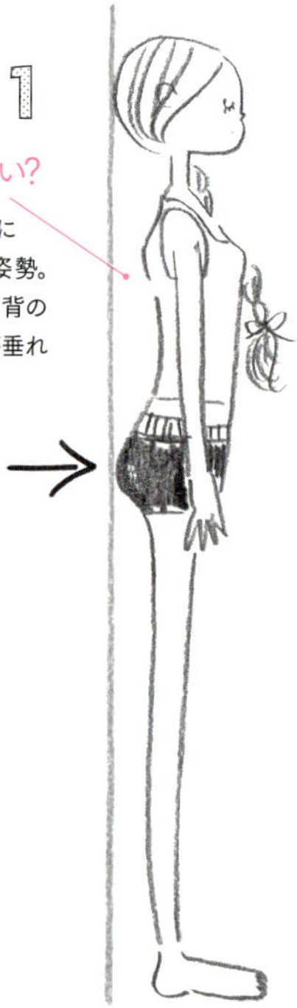

洋なしタイプ

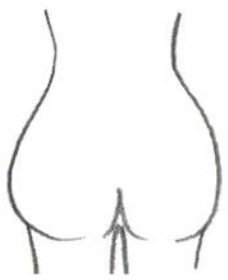

おしりと背中が壁につく

骨盤は前傾しているが猫背。腰と壁の間が手の平1枚以上あく。この隙間が大きいほど、猫背度合いが大きくなり、より内股になる傾向。おしりの丸みはあるが、洋なしのように下に垂れている。

あひるタイプ

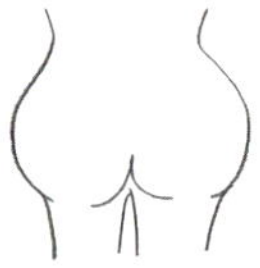

おしりだけが壁にタッチ

骨盤が前傾し、おしりが後ろに突き出ている。腰は反っていて壁と背中の間に隙間がある。おしりに丸みはあるが、ヒザが内向きなので、おしりの下が横に広がり、ももとの境目が不明瞭。

ダメ尻の代表的な4タイプ

自分の「おしり」を

壁を背にして両足をこぶし1個分開けて立ち、自然な姿勢で後ろに下が

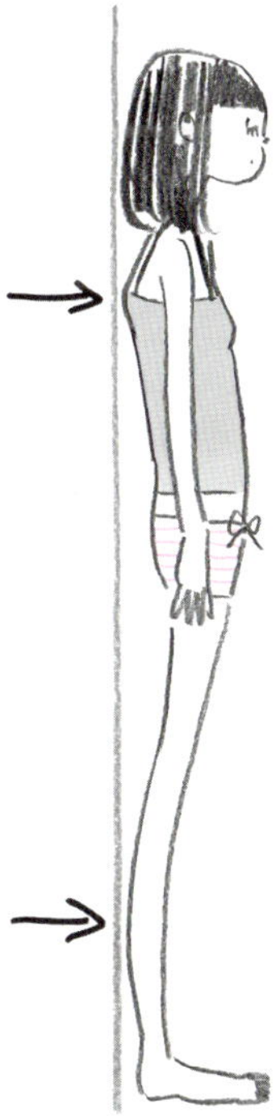

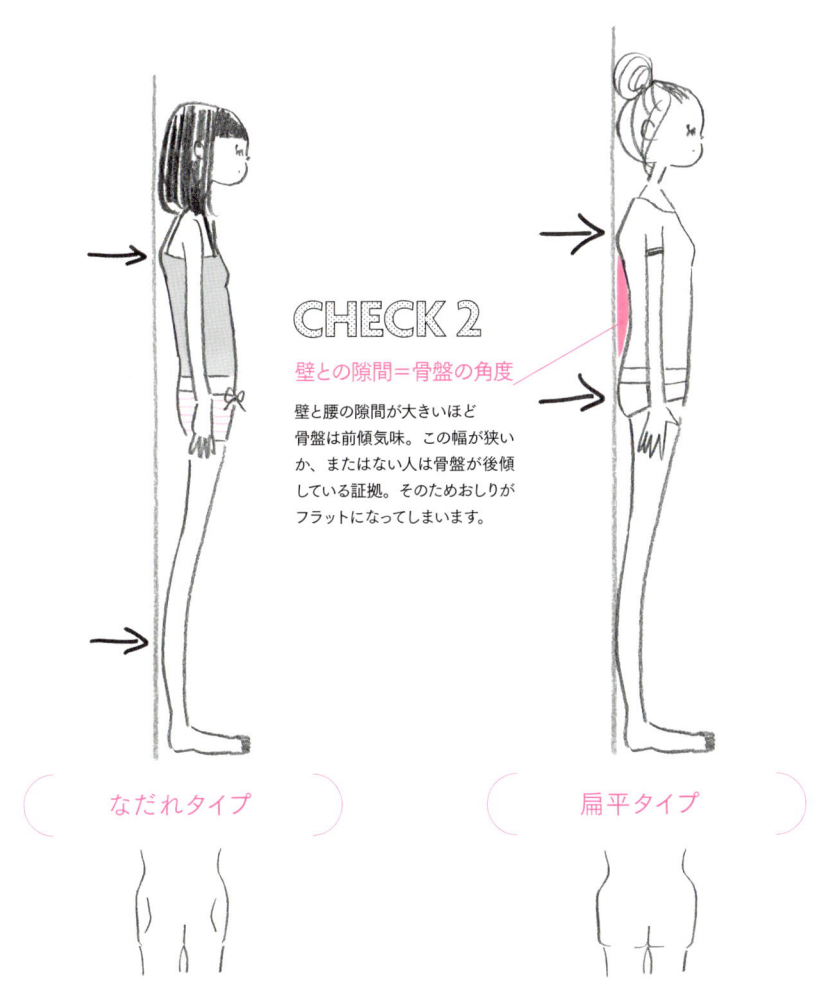

CHECK 2

壁との隙間＝骨盤の角度

壁と腰の隙間が大きいほど骨盤は前傾気味。この幅が狭いか、またはない人は骨盤が後傾している証拠。そのためおしりがフラットになってしまいます。

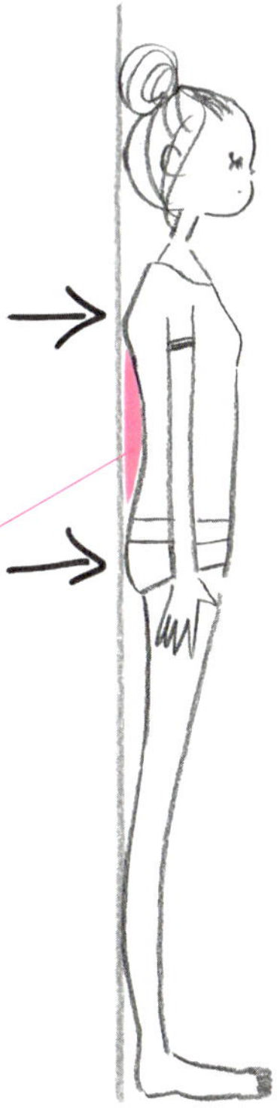

なだれタイプ

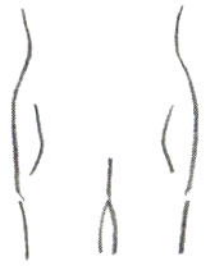

背中はつくがおしりとは隙間

背中が壁につく。ふくらはぎがつくことも。扁平よりも強い猫背で骨盤が後傾&前方移動し、背中のカーブもない。ウエストにくびれがなく、ももの後ろとふくらはぎが太くなりやすい。

扁平タイプ

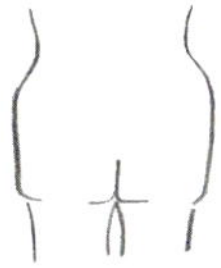

背面にほぼ隙間がない

背中とおしりが壁につく。ふくらはぎがつく場合も。背中にカーブがないか猫背で、骨盤は後傾。壁との間は手の平1枚未満。おしりは四角っぽい形で、おしりとももの境目は曖昧。

の弱点&鍛え方

を理解して、効果的な攻略法をチェック。

あひるタイプ

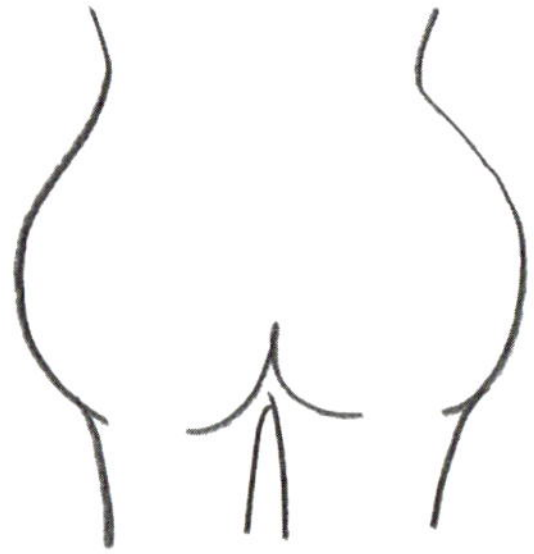

内股さえ直せば理想型に

おしりに丸みとボリュームを出すための腸腰筋が強く、骨盤が前傾しているので、4タイプの中では最も改善しやすい。ただし中臀筋が弱いので、内股気味に。ヒザを外側に回す訓練と、中臀筋後部を鍛えることで、理想のヒップになれるはず。

- ☑ **骨盤が前傾している**
- ☑ **おしりに丸みとボリュームがある**
- ☑ **おしりの下が横に広がっている**
- ☑ **腰にカーブがあり猫背ではない**
- ☑ **ヒザが内側を向き内股気味**

洋なしタイプ

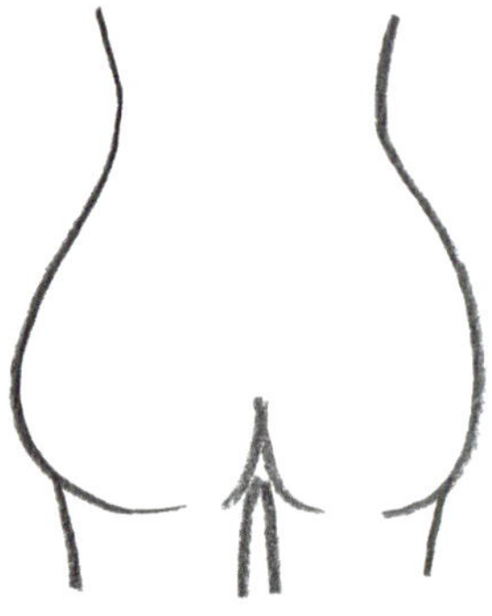

猫背と内股の改善がカギ

あひるタイプと同様に、腰のカーブはあるが猫背。腸腰筋はそれほど強くなく、ももの前の筋肉や腰の筋肉が強いため腰が反る。まずは背筋上部の強化が必須。また腹筋も弱いのでトレーニングを。もちろん腸腰筋強化メニューも重要です。

- ☑ **骨盤はやや前傾**
- ☑ **腰は反っており猫背**
- ☑ **ヒザが内側を向き内股気味**
- ☑ **おしりは丸いが垂れ気味**
- ☑ **背筋が緊張して腹筋が弱く、腰痛持ち**

ダメなおしりを解決！

4タイプ別「おしり」

自分のおしりがどのタイプの〝NGヒップ〟か判定できたら、その弱点

扁平タイプ

腸腰筋の強化が最優先

骨盤の前にある腸腰筋が弱いため、骨盤が後傾し、おしりの丸みがほとんどない。太ももの裏側に力が入りやすく発達しやすいので、ももとおしりの境目が曖昧になりやすい。まずは腸腰筋を鍛えて骨盤を前傾させ、丸みのあるおしりを目標に。

- **骨盤は後傾気味**
- **背中は丸まり猫背である**
- **腰にほとんどカーブがない**
- **おしりが四角っぽく丸みがない**
- **ももとおしりの境目が不明瞭**

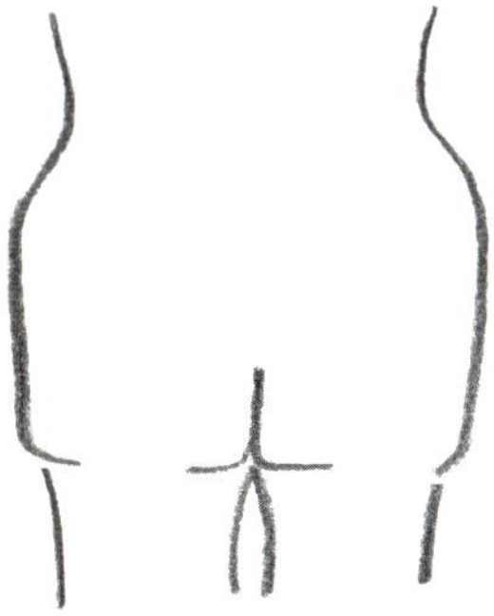

なだれタイプ

おしりの筋肉全体の強化

４タイプの中でいちばんおしりに丸みがない。骨盤は後傾。扁平タイプよりさらに腸腰筋が弱く、背筋も弱いために猫背気味。腹筋もないためウエストに贅肉がつきやすく、寸胴体型になりやすい。腸腰筋や腹筋など全体の強化が必要。

- **骨盤は後傾&前方移動している**
- **背中は丸まり猫背である**
- **おしりが小さくぺたんこ**
- **ウエストにくびれがない**
- **おしりとももの境に細かいシワ**

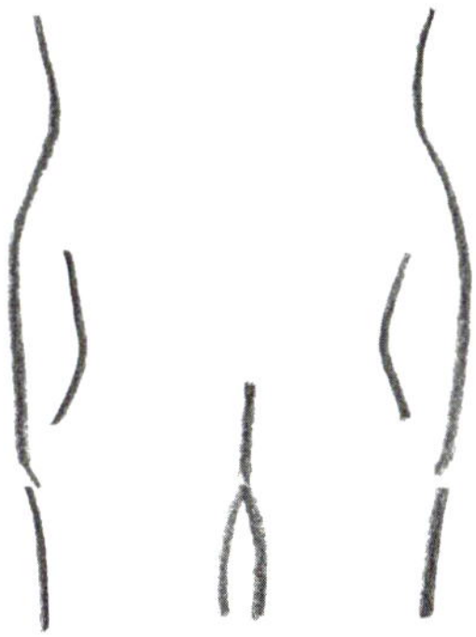

「美尻」の条件

と比較することで、完全な「美尻」の特徴を解説します。

位置と「骨盤」の傾きがポイント！

理想タイプとあひるタイプ

両タイプの違いは、股関節回りの骨盤と大腿骨のつき方にあります。大臀筋、中臀筋、腸腰筋が鍛えられた理想タイプでは、この2つが正しい位置でつながっています。

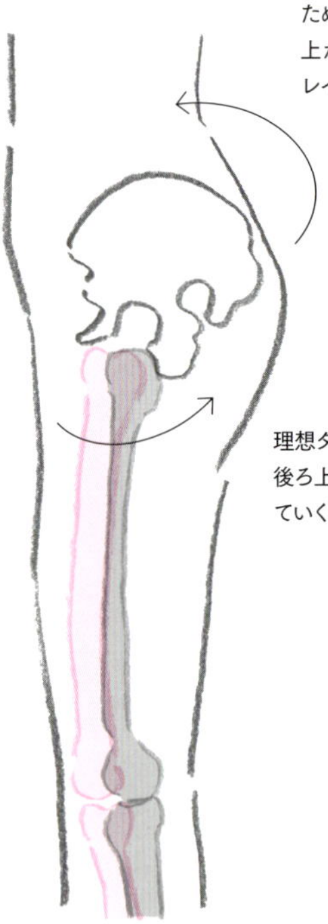

理想タイプは骨盤が前傾し、さらにヒザが正面を向いている。そのためヒップの上部が盛り上がって丸みのあるキレイな形に

理想タイプの大腿骨は、後ろ上方向へと移動していく

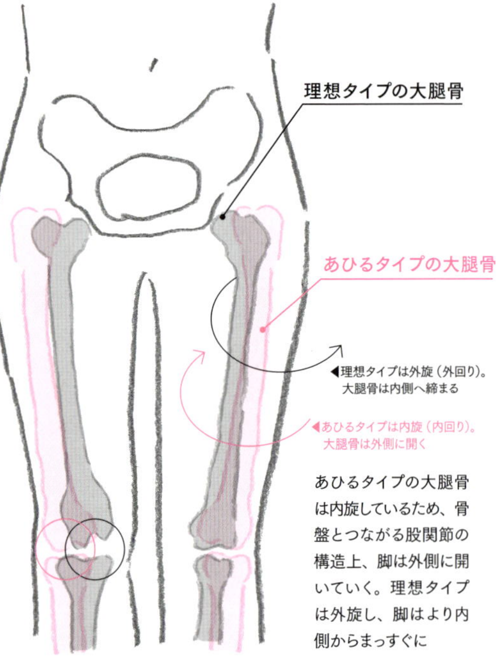
理想タイプの大腿骨
あひるタイプの大腿骨
◀理想タイプは外旋（外回り）。大腿骨は内側へ締まる
◀あひるタイプは内旋（内回り）。大腿骨は外側に開く

脚が外側に開いたあひるタイプでは、ヒザが内側を向きO脚となる。理想タイプの大腿骨は適正位置にあるので、ヒザは正面を向き、脚はスラッとした美脚に

あひるタイプの大腿骨は内旋しているため、骨盤とつながる股関節の構造上、脚は外側に開いていく。理想タイプは外旋し、脚はより内側からまっすぐに

理想の「おしり」とは？

パーフェクトな

理想のおしりにもっとも近い、〝あひる〟タイプのおしり

理想のおしりは「大腿骨」の

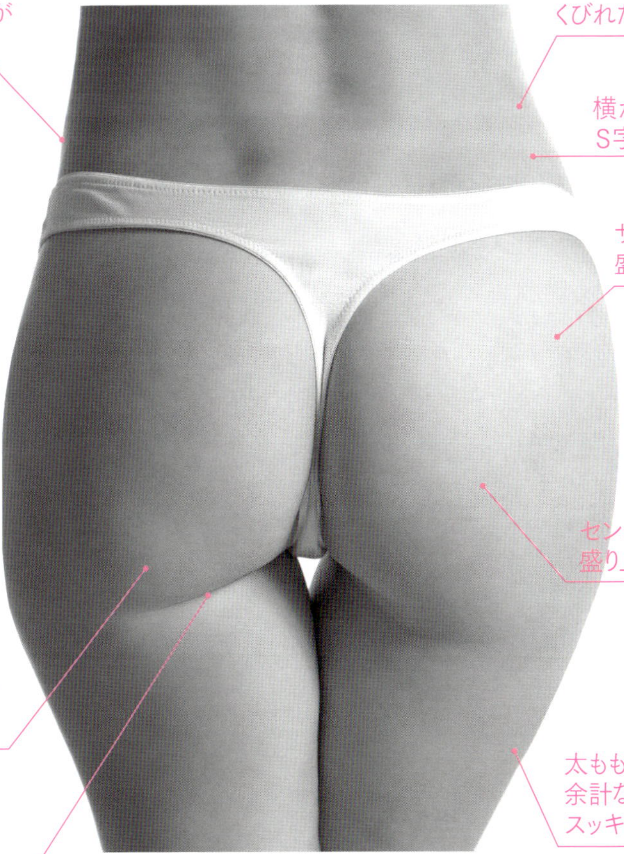
ウエストとヒップのサイズの比率が約0.7：1
くびれたウエスト
横から見たときのS字カーブライン
サイドトップの盛り上がり
センタートップの盛り上がりと丸み
アンダーヒップに丸みがある
太ももとおしりの境界が明瞭
太もも上部の外側に余計な筋肉がつかずスッキリしている

7つのベイビーステップ理論

論」をヒントにしたもの。おしりに効く、7つのベイビーステップ理論とは？

赤ちゃんの「発育発達論」がベースに

美尻トレの基本は、赤ちゃんが立って歩けるようになるまでの7段階の姿勢をベースにした発育発達論。これは、人間の歩行はおしりの筋肉の発達によって可能になるという研究に基づいています。この流れに従った順序でおしりを鍛えることで、高い効果が得られるわけです。

STEP 1.
あおむけ

おしりの筋肉がまだない状態。美尻トレではまずはおしり以外の筋肉をゆるめていく

STEP 2.
横向き

横向きに寝返りを打つための股関節まわりの筋肉を強化したり、ゆるめたりするのがメイン

STEP 3.
うつぶせ

うつぶせで寝ると背筋の上部や大臀筋の発達を促す。この姿勢で筋肉を伸ばしてトレーニングしていく

美尻トレの基本知識①

「おしり」に効く、

「美尻トレ」は、赤ちゃんの成長過程についての研究「発育発達

美尻トレのヒントは、高齢者などのリハビリ治療

発育発達論は医療分野でも脳性麻痺患者のリハビリ治療に使われ、その効果は証明済み。シニア世代の歩行トレーニングに理論を応用したとき、脚の筋肉ではなくおしりの筋肉を鍛えたほうが効果がアップすることに気づいたことで、僕の美尻トレは誕生したのです。

STEP 4.
よつばい

ハイハイができるレベルでは、今までの3ステップに比べ、さらに重力に反発した高度なトレーニングが可能

STEP 5.
おすわり

椅子に腰掛けるなど、上半身のバランスのキープや腸腰筋のトレーニングを中心に

STEP 6.
ひざ立ち

ひざ立ちできるほどおしりの筋肉が発達したレベル。おしりまわり全体の筋肉を連動させる動きで訓練していく

STEP 7.
つかまり立ち

何かにつかまりながら立てるまでに成長。片脚でバランスを取るなど、複雑な動きが可能

美尻トレ〝3要素〟メソッド

かす」の3つの動き。〝ベイビーステップ〟に合わせて、この3要素をアレンジします。

おしりスイッチの準備スタート

まずはおしりの筋肉の発達をじゃましている、推進筋をゆるめてリセット。おしりスイッチを入れる前の大事な準備段階が「ゆるめる」。この動きを最初に行うことが、美しいヒップへ進化するための近道です。

美尻トレの基本知識②

ゆるめる！ 整える！ 動かす！

「美尻トレ」のもうひとつの重要な要素が「ゆるめる」、「整える」、「

整える

動かす

目覚めたおしりを積極的に動かす

「ゆるめる」、「整える」でスイッチが入ったおしりの筋肉を正しく使っていく「動かす」。抗重力筋と推進筋の両方を使ったさまざまな動きで、ヒップの筋肉のしなやかさと安定感を強化。よつばいから立位までをミックスします。

おしりの筋肉のスイッチをON

おしりスイッチを入れる段階が「整える」。おしりの筋肉を意識し、力がかかっていることを感じられるように、ゆっくりと始動。重力に反発したときこそ鍛えられる、おしりの筋肉の特性を生かし、動きを止めるポーズが多めです。

5分で上がる!
美尻トレ
STEP

松尾タカシ流「運命の美尻トレ」とは?

基本トレは1種目60秒!

美尻トレは種目ごと60秒で、シンプルな動きです。ちょっと時間があいたときにでも気軽に1分間だけトレーニングしてもOK!

おしりが変われば「運命」が上がる⤴

おしりが変われば身体が変わる。身体が変われば心が変わる。そして心が変われば運命が変わる。美尻トレで人生アップさせましょう!

基本5種目をでOK

1日5分

60秒を5種目。計5分間のトレーニングが1日の基本メニュー。無理なく、毎日続けることが確実な効果を生む秘訣です。

1ステップごとに3週間!

おしりの〝抗重力筋〟はゆっくり鍛えるのがポイント。毎日少しずつ、1ステップに3週間かけるのが理想。あせらずに鍛えましょう。

タイプ別トレでより効果的に!

全タイプ共通の〝5分トレ〟の後に、余裕があればおしりのタイプ別エクササイズを追加。これで自分のおしりの弱点を効果的に攻略!

1日たった
運命の
1st

整える
×
3種目

ゆるめる
×
2種目

0種目
動かす

美尻トレ、最初のステップは「ゆるめる」、「整える」からスタート。立位以外のすべての〝ベイビーステップ〟を活用し、おしりまわりの筋肉を徹底的にゆるめて、おしりスイッチをONにしていきましょう！

PHOTOS：AFLO

1st STEP

BIJIRI TRAINING METHOD

01

［ゆるめる］

はじめの一歩は「もも裏&ヒザ裏&ふくらはぎ」の筋肉リセット

ももとヒザの裏側、ふくらはぎを片脚ずつ、30秒間ストレッチ

あおむけになり、片脚をヒザができるだけ伸びた状態で胸に近づける。脚の裏側のつかめる位置に手を添えてサポート。床に伸ばした脚は浮かないように注意。片脚ずつ、この状態を30秒間キープ。

1st STEP

BIJIRI TRAINING METHOD 02

［ゆるめる］

「股関節」まわりの小さな筋肉をリリース！

前に出した脚のヒザの角度は90度が目標

30秒キープ

よつばい状態から前に出した脚を90度に曲げ、もう一方の脚を伸ばしたまま前屈

よつばいになり、そこから片側の脚を前に出し、内側に90度折り曲げる。もう一方の脚は伸ばしたまま、上半身と両手を前に伸ばしながら、前屈。骨盤もできる限り前に倒して、床に近づける。片側30秒ずつ。

1st STEP

BIJIRI TRAINING METHOD

03

[整える]

「おしり全体」の筋肉を左右バランスよく整える

60秒
キープ
足の小指側に
重心をかけて
開いていく

あおむけの姿勢で骨盤を持ち上げ、両ヒザを均等に開いたら60秒キープ

足の幅をこぶし1個分開けたら、ヒザから肩までのラインが一直線になるまで骨盤を持ち上げる。両ヒザを均等に開いて、足の側面で床を押す。おしりを締める意識を。骨盤は床と水平に、高さを保って60秒。

1st STEP

BIJIRI TRAINING METHOD 04

[整える]

「おしり外側サイド」を素直に使えるように準備

前回し&
後ろ回しを
10回ずつ!

ヒザ下は脱力し
おしりのサイド
後部を意識する

腕枕をして股関節を45度曲げ、上側の脚を上げて前後10回ずつ回す

横向きで腕枕をしたら、下になった脚の股関節を45度、膝関節を90度曲げ、もう片方の手を床について支える。上の脚をヒザを伸ばしたまま、できるだけ開いて回す。骨盤が後ろに傾かないよう腰を反らせて。

1st STEP

BIJIRI TRAINING METHOD 05

[整える]

「おしり&背中」の筋肉の連動性を回復させる

60秒
キープ
みぞおちから上の
背筋に意識を

うつぶせでヒジを立てて上半身を起こし、両ヒザを開いて曲げる

ヒジを立てて上半身を起こし、みぞおちから上を反らせる。両ヒザを曲げて開き、足の裏同士を軽くタッチ。目線は床を見て、首に力を入れ過ぎないように。両ヒザをできるだけ開いて、ヒップを引き締めて60秒。

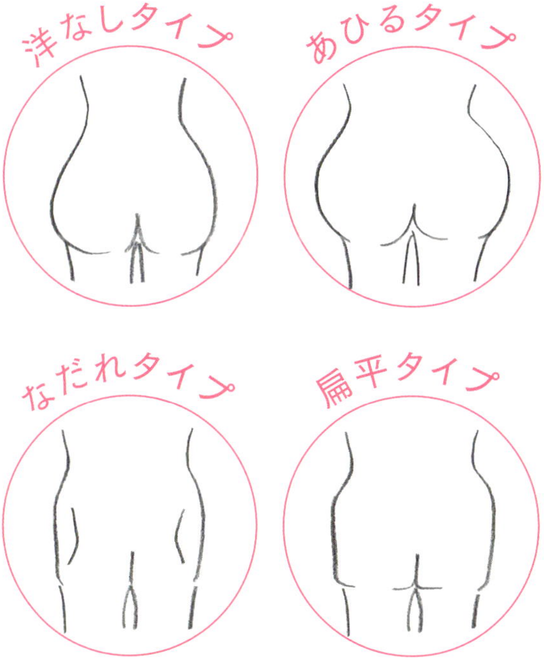
洋なしタイプ
あひるタイプ
なだれタイプ
扁平タイプ

1st STEP
4タイプ別
〝ちょい足し〟美尻トレ

基本の美尻トレだけでも効果は充分。だけど自分のおしりのタイプ別に、普段使えていない筋肉を強化することで、より早くトレーニングの成果を実感できます。時間にちょっと余裕がある日は、この4タイプ別のメニューを〝ちょい足し〟してみて。

[整える]

「おしりサイドの下側」部分の筋肉を整える

ヒザ下ではなく
おしり下に意識集中
30秒
キープ

横向きで腕枕をして、腰を反らせた状態で股関節を曲げてヒザを開く

腕枕をしてもう片方の手を軽く床につき、股関節から下を前に曲げる。股関節と膝関節を90度曲げたら、腰を反らせて、ヒザを最大限に開く。両足の先端を軽くタッチ。おしりとももの境目を意識。左右各30秒。

4タイプ別 美尻トレ

BIJIRI TRAINING METHOD

1st STEP

あひるタイプ

［整える］

「おしりサイドの後ろ側」部分の筋肉を締める

30秒キープ
身体が斜め一直線になるように意識

ヒジをつき、ヒザ下を90度曲げ身体を一直線にして、ヒザを開く

肩の真下にヒジをつく。股関節はまっすぐ、ヒザは90度曲げた状態で斜め一直線のラインを作る。下側の脚で床をプッシュしながら、両足の側面をつけたままヒザをできるだけ開く。左右各30秒。

［整える］

「おしりサイドの上側」部分の筋肉を意識する

胸からヒザまでは
一直線のままで
30秒
キープ

おしりのサイドの
筋肉を意識

横向きで腕枕をして、ヒザ下を後ろに90度曲げた状態でヒザを開く

腕枕をしたらもう片方の手で床を軽く押さえながら、ヒザから下のみを90度後ろに曲げ、両足の側面をつけたままヒザを大きく開く。このとき、骨盤は床と垂直になるように。腰を反らして、左右各30秒。

[整える]

「おしり&背中の上部」の連動を活性化する

60秒キープ
お腹と骨盤底筋群に力を入れて

上半身を上げ、ヒザを曲げたら両ヒジを浮かせてキープする

ヒジを立て、みぞおちから上を反らして持ち上げる。その状態でヒザを曲げて開き、足裏同士を軽くタッチ。お腹を凹ませ、おしっこを止めるような感覚で骨盤底筋群に力を入れつつ、両腕を斜め上に伸ばして60秒。

［ゆるめる］

「骨盤」を前傾しやすくする「股関節」ストレッチ

30秒キープ
ヒザはしっかりと外側に開く
おしりの中とももの筋肉を意識する

両ヒザを立て、片脚の足首をもう片方のヒザ上に乗せ、胸へと近づける

両ヒザを立てたら、片方の足首を逆側のヒザに乗せる。足首が乗る側の足を床から上げ、両手でサポートしながらできるだけ胸に近づける。乗せている側の脚のヒザをなるべく外側に開く。左右各30秒。

［ゆるめる］

「背中」のラインを維持しつつ「股関節」の柔軟性を

下がるとき
腰を軽く反った
ままキープ

両ヒザと両かかとの間をこぶし1個分開け、骨盤を前後に揺らす

よつばいでヒザとかかとの間をこぶし1個分開ける。骨盤の角度が崩れない位置まで後ろに下がったら、元の位置に戻す。この動作を20回。下がるときはおしりの筋肉を伸ばし、体重の8割を下半身側に。

はじめと終わりに

れぞれ1つでもOKなので、余裕があれば取り入れてみましょう。

WARM UP

ウォームアップ

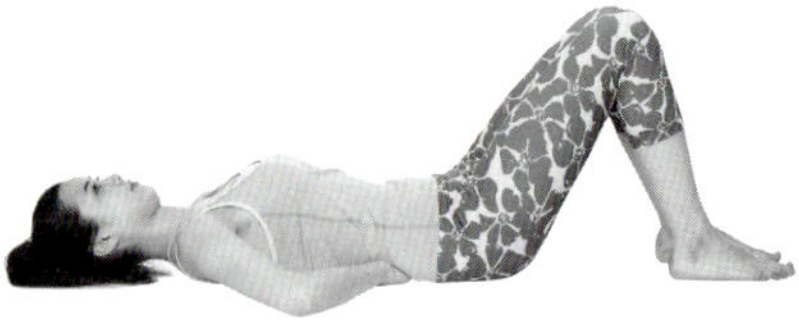

腰下に手を入れ脚を曲げる

あおむけで、腰の下に手を入れ脚を曲げる。深い呼吸を繰り返すことで、骨盤を安定させる腹筋のインナーマッスルが目覚めていく。

腰下に手を入れて脚を伸ばす

あおむけで、腰の下に手を入れる。深く長い呼吸を繰り返す。これだけで、腹筋とおしりの筋肉を活性化させる効果が期待できる。

腰下に手を入れ一方のヒザを倒す

あおむけで腰下に手を入れ、両ヒザを立てる。一方のヒザを外側に倒して戻すを、左右交互にくり返す。骨盤まわりの安定と筋肉に効く。

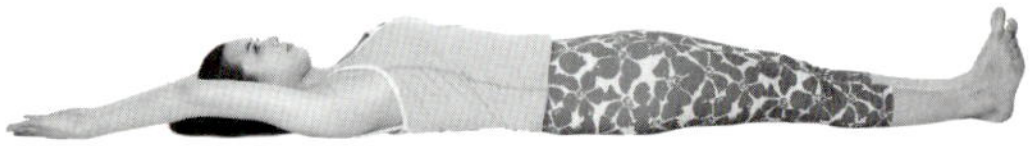

両腕＆両脚を思い切り伸ばす

あおむけで、両腕と両脚を伸ばしてストレッチしながら呼吸を繰り返す。上半身の緊張をゆるめ、腹筋とおしりまわりの筋肉を活性化。

呼吸トレ&ストレッチ

ワークアウトの

美尻トレの前と後にこの2つを追加すると、効果がさらにUP。

COOL DOWN
クールダウン

ヒザを抱えてストレッチ

両腕でヒザを抱えて胸に近づけるようにストレッチ。おしりとももの後ろ側の筋肉がゆるんでいくのを感じながら、60秒間キープ。

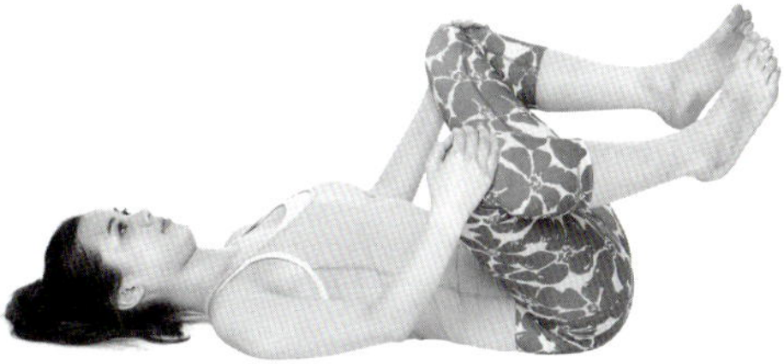

股関節を回してゆるめる

両手で両ヒザを持ち、ヒザを外側に大きく回して10回。終わったら内側にも10回くり返す。股関節まわりの筋肉をほぐして。

片脚ずつ曲げて伸ばす

両手で一方のヒザを抱え胸に近づける。伸ばしているほうの脚は、できるだけまっすぐに。おしりと脚全体をストレッチ。左右30秒ずつ。

BIJIRI COLUMN #01

婚活のカギを握るのもおしりだった!?

世界共通、男性は女性の○○○を見ている!

男性が女性を見るとき、最初に見るのはどこだと思いますか？　それは顔でもバストでもなく、おしり。これは行動心理学で証明されている事実。男性は女性に子孫を増やしてもらう必要があるため、その女性が子供を産めるかを骨盤でチェックしているのです。骨盤がしっかりしていて発達したおしりは、安産と多産の象徴。ＤＮＡに刷り込まれた人間の本能が、無意識の〝おしり目線〟の理由。このときもっともセクシーに感じるおしりと腰の黄金比率は約1:0.7。ウエストのくびれとおしりの丸みが大きいほど魅力を感じるとか。婚活で成功を目指すなら、美尻を目指すのがいちばんの近道かも!?

1日たった5分で上がる！

運命の美尻トレ

2nd STEP

1stステップで充分おしりまわりの筋肉をゆるめたら、次の段階では〝おしりスイッチ〟を本格的に入れていきます。重力に反発する力で鍛えられるおしりの筋肉の特性を生かすため、動きを止めるポーズを多めに、「整える」ことをイメージしながらトレーニングを。

整える
×
4種目

ゆるめる
×
1種目

0種目
動かす

2nd STEP
BIJIRI TRAINING METHOD 01

[ゆるめる]

「ふくらはぎ」の筋肉をゆっくりと伸ばしていく

背中、腰はなるべく曲がらないように
60秒キープ
つま先の向きはまっすぐキープ

手と足を開いて床につき、ゆっくりおしりを持ち上げ脚をピンと伸ばす

よつばいで肩の真下に両手をつき、骨盤の真下にヒザがくる位置で両足をこぶし1個分開ける。ゆっくりとおしりを持ち上げ、かかとはなるべく床につけるように意識しながら、ヒザをまっすぐに伸ばして60秒。

2nd STEP

BIJIRI TRAINING METHOD 02

[整える]

「おしりサイド」の筋肉群をストレッチで整える

30秒
キープ
背中と骨盤の
位置はまっすぐ
をキープして

片方の脚を上げ骨盤を浮かせたら
反対側の腕を上げバランスキープ

両ヒザと両かかとの間をこぶし1個分開けてよつばいになる。片方の脚を床と平行になるよう後ろに引きながら浮かせ、反対側の腕を前に伸ばす。床についている脚に体重を8割くらいかけ、左右各30秒。

2nd STEP

BIJIRI TRAINING METHOD 03

［整える］

「骨盤」を前傾させるための「腸腰筋」トレーニング

30秒キープ
腰が丸まらないように骨盤を意識して立てる

片ヒザを90度以上に。手を後頭部に添え、上半身は姿勢をキープして胸を開く

両ヒザと両かかとの間をこぶし1個分開け、椅子に浅めに腰掛ける。胸を張り、背中が丸まらないようにして、片ヒザを90度以上持ち上げてキープ。安定したら手を後頭部に添え、胸を開いて左右各30秒。

BIJIRI TRAINING METHOD

2nd STEP 04

[整える]

「おしり筋群」を伸ばして「背中」上部と連動させる

60秒
キープ
首はできるだけ
リラックスさせて
おしりの筋肉が硬く
なるのを意識

ヒザ立ちしてつま先を立て、おしりを突き出すように上体を斜め45度に！

両ヒザと両かかとの間をこぶし1個分開けてヒザ立ちし、つま先を立てる。後頭部に手を添えて力を抜き、おしりを突き出すイメージで上体を斜め45度に。上半身は胸を張り背中が丸まらないように。目標60秒。

2nd STEP

BIJIRI TRAINING METHOD 05

［整える］

「おしり筋群」の主役、「大臀筋」を強化する

30秒
キープ
前脚側の
おしりが伸びる
感覚を意識

片ヒザ立ちの体勢から前脚に体重を乗せ、上体を傾けおしりを突き出す

両ヒザと両かかとの間をこぶし1個分開けてヒザ立ち。後頭部に手を添えヒジを開いて胸を張り、前の脚に体重を乗せるように上半身を傾ける。このとき前のヒザが内側を向かないように注意。左右各30秒。

[整える]

「背中上部」と「お腹&おしり」をリンクさせる

60秒キープ
上体の傾きは45度をキープ
ももや足ではなくおしりに体重を

ヒザ立ちして胸を張り、上半身を斜め45度に倒して両手を突き出す

両ヒザと両かかとの間をこぶし1個分開けてヒザ立ちし、つま先を立てる。胸を張り、背中が丸まらないようにしながらおしりを突き出すように上半身を45度に倒す。両手は斜め上に伸ばし60秒キープ。

［整える］

「おしり」の筋肉を伸ばしながら「下半身」を固定

支える脚側の
おしりが外に
流れないように
30秒
キープ

片脚を後ろに引き、支える脚に体重をかけるようにしてバランスキープ！

よつばいの姿勢で両ヒザと両かかとの間をこぶし1個分開け、肩の真下に手をつく。片脚を後ろに引きながら、床と平行になるように持ち上げ、支えている脚に体重をかけバランスをとる。左右各30秒。

[整える]

重力に負けない「上半身」ライン強化で美尻に！

60秒キープ
腰の反りを維持し胸を張ったままで
両ヒザの間隔はこぶし1個分開いてキープする

椅子に浅めに腰掛け、両手を伸ばして上半身を斜め45度に傾けヒザを開く

椅子に浅めに腰掛け、両ヒザと両かかとの間はそれぞれこぶし1個分開く。両手を斜め上に伸ばして胸を張り、背中が丸まらないようにしながらおしりを突き出すイメージで、上半身を45度傾ける。60秒。

BIJIRI COLUMN #02

欧米ではおしりトークが常識です

パーティでも視線はおしりをチェック!?

世界の中でも美意識が高い日本人女性ですが、おしりへの意識はまだまだ。欧米では、パーティなど人が集まる場で「あなたのヒップかっこいいわね」とおしりが話題になることも珍しくありません。ドレス選びだって、ヒップが素敵に見えるかどうかを必ずチェック。セクシー＝おしりが魅力的、という概念があるため、いかにボリュームがあるように見せるか、みんな必死。おしりを大きく見せるためのパッド入り下着や美容整形も盛んです。日本でもおしりというパーツが注目されるのは、時間の問題といえそう。

PHOTO：AFLO

1日たった5分で上がる！

運命の美尻トレ

3rd STEP

おしりの筋肉が目覚めたところで、「立位」が加わります。
推進筋と抗重力筋の両方をミックスして動きも複雑に。
「動かす」を中心に、美尻トレ以外でも、日常の生活の中で、
おしりの筋肉が使えるように導いていきます。

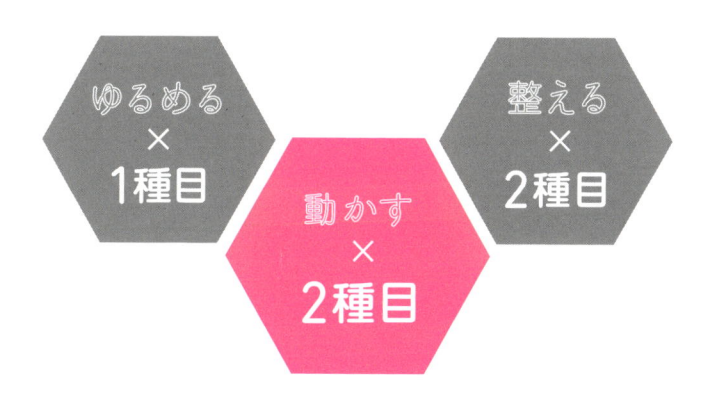

ゆるめる × 1種目

動かす × 2種目

整える × 2種目

3rd STEP

BIJIRI TRAINING METHOD 01

[ゆるめる]

ゆるめるの最終段階！「ヒザ下」筋肉のねじれ解消

手と足を床についておしりを持ち上げた状態で、前後に4歩ずつ歩く

よつばいで肩の真下に両手をつき、両ヒザと両かかとの間をこぶし1個分開ける。ゆっくりとおしりを持ち上げ、かかとはできるだけ床につける。その状態で脚だけで前に4歩、後ろに4歩歩く。3セット。

3rd STEP

BIJIRI TRAINING METHOD 02

［整える］

不安定な片脚立ちで「おしり筋群」を覚醒させる！

30秒キープ
お腹と脚の角度は90度を目標に
床を足裏全体で押すようにして

両足をこぶし1個分開けて立ち、片ヒザを90度上げて胸を張る

両足の幅をこぶし1個分開けて立ち、つま先はまっすぐ平行に。後頭部に軽く手を添え、片脚に体重を移動させながら、もう片方のヒザを90度上げる。腰の反りを保ったまま胸を張り、左右各30秒。

3rd STEP

BIJIRI TRAINING METHOD 03

[整える]

筋肉をしっかり伸ばして、「おしり」スイッチ全開！

脚を前後に開き、上半身を前傾させ、後ろ脚を上げてサイドスイング

両脚を前後に開き、後頭部に手を添える。後ろ脚のかかとを浮かせ、ヒザを軽く曲げながら体重を前脚に乗せる。胸を張って、おしりを突き出し上半身を前傾させ、後ろ脚を上げた外側に10回振る。左右1セット。

後ろから見ると

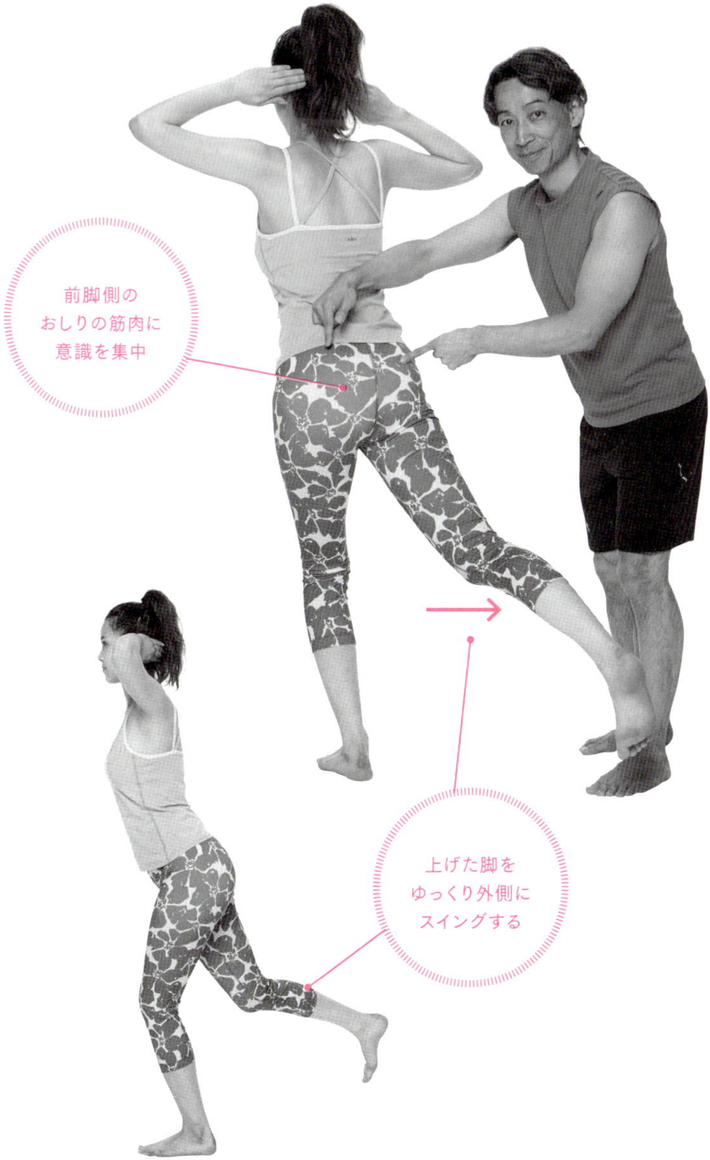
前脚側の
おしりの筋肉に
意識を集中
上げた脚を
ゆっくり外側に
スイングする

3rd STEP

BIJIRI TRAINING METHOD 04

［動かす］

「股関節」の柔軟性と「おしり」の安定を同時ゲット！

①

②

ヒザを伸ばして
キープする
③
ヒザは外側に開き
体重を乗せ身体を
上下に10回動かす

両脚を後ろに伸ばし片足を手の横に移動。体重を前脚に乗せて身体を上下に10回

両手を肩の真下に揃えてつき、両脚を後ろに伸ばして大きく開く。つま先は内向き。片足を踏み出し、手の横に移動。前脚側のおしりを意識して、ヒザを外側に開き、身体を上下に10回動かす。左右2セット。

3rd STEP
BIJIRI TRAINING METHOD 05

[動かす]

体重移動により「おしり」の左右スイッチを切り替える

①
重心側の脚から
肩へのラインは
まっすぐにする
②

③

④

両脚を開いて腰を落とし、腕を伸ばす。片脚に重心を移して上半身ツイスト

両脚を大きく開き、つま先は平行。両手を合わせ前に伸ばしながら、ヒザを曲げ腰を落とし、上半身を倒す。片脚に重心を移し、もう一方の脚を横に伸ばす。みぞおちから上を重心の方にひねり正面に戻す。正確な動きで左右3セット。

［動かす］

「おしり」を意識しながら「上半身」の自由度をUP！

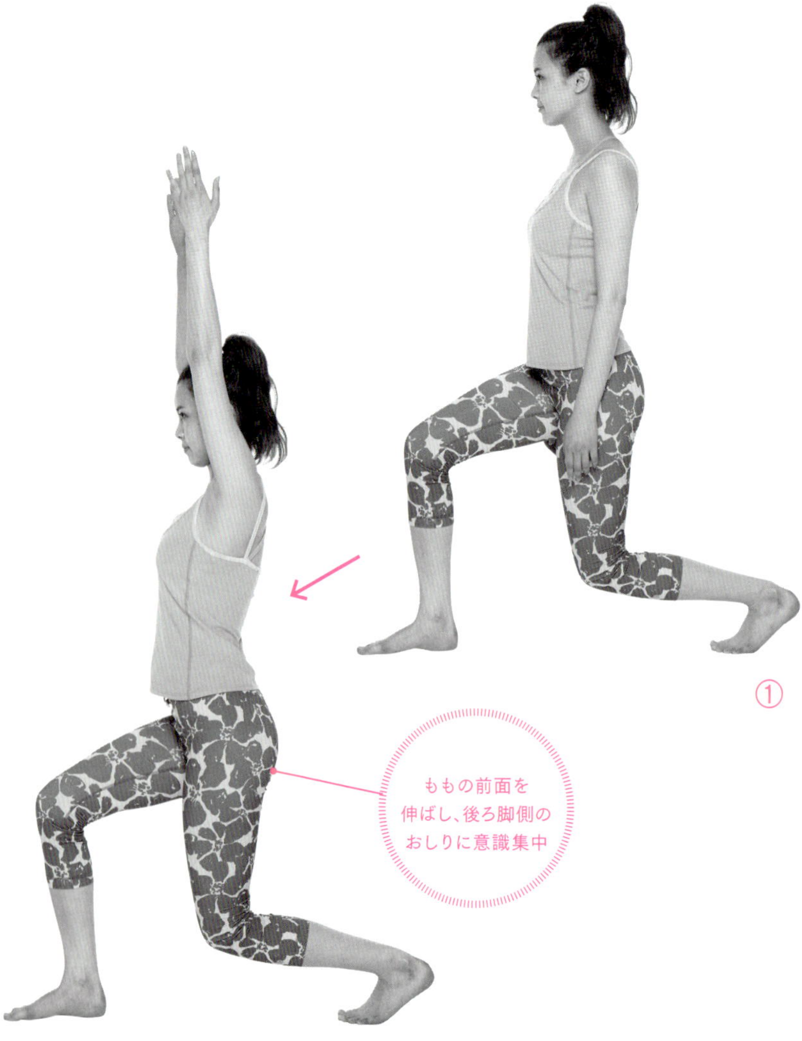
ももの前面を
伸ばし、後ろ脚側の
おしりに意識集中

①

②

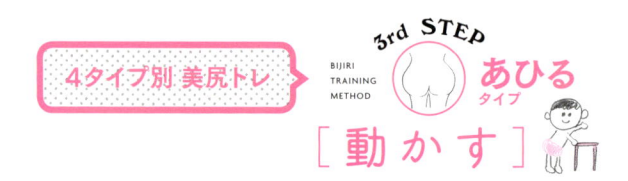

手の動きで腰が
反らないよう腹筋
を意識し続ける
③

④

脚を前後に開き、体重を後ろ脚に移動、両手を上げ片手でおしりタッチを交互に

両脚を左右こぶし1個分の間隔で前後に大きく開く。腰を落としながら後ろ脚に体重移動、後ろ脚側のおしりを締め腹筋を意識。両手を上げ、片手で後ろ脚側のおしりにタッチして戻す。逆の手も同じように。左右4セット。

［動かす］

「背中」を動かしながら「おしり筋群」を使い続ける

丸まったとき
ヒジとヒザはぎりぎり
触れないように

反対側の手脚を近づけて身体を丸め、背中と手脚を前後に伸ばし元の姿勢に

両脚の幅をこぶし1個分開けてよつばいになり、反対側のヒジとヒザを、おへその下でつけるようにしながら身体を丸める。丸めた背中と手脚を前後に伸ばし元の姿勢に戻る。片側10回を左右1セット。

伸ばした脚は
水平の高さを
キープする

おしりが横に流れ
ないよう、重心は
常に後ろ脚に

［動かす］

「ふくらはぎ」「股関節」「上半身」の柔軟性向上

①
腹筋と骨盤底筋群
に力を入れて
背中は反らせる
②

よつばいから身体を持ち上げて歩き、上半身と股関節のストレッチを

みぞおちから上を反らせヒザとつま先を少し開き、かかと同士を軽くタッチ。お腹を凹ませ、骨盤底筋群を意識しながら腰を浮かせ身体を折り曲げていく。ヒザを伸ばしたら元の姿勢に戻り、腕と背中を伸ばし股関節を動かす。3セット。

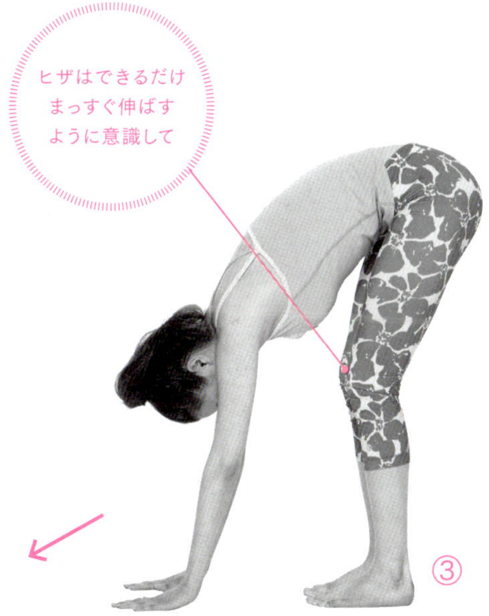
ヒザはできるだけ
まっすぐ伸ばす
ように意識して

③

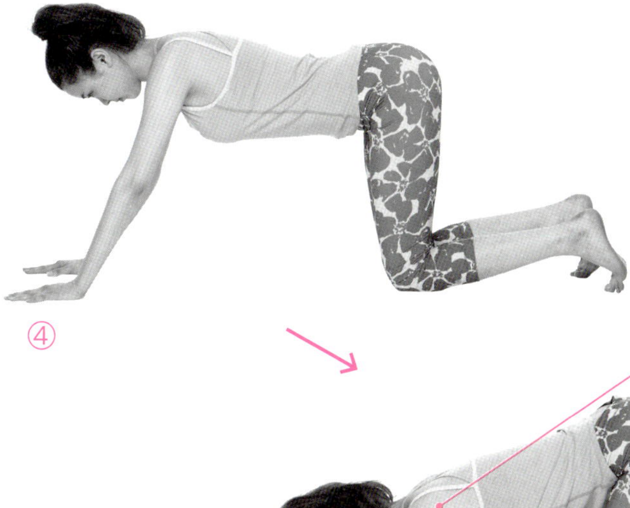

④

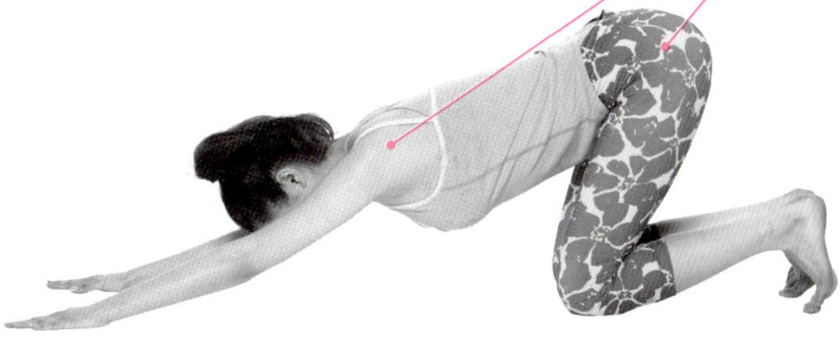
腕と背中を
伸ばし、腰の反り
感は絶対キープ

⑤

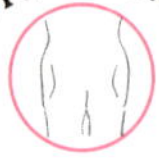

なだれ タイプ

［動かす］

バランスアップと「股関節」の最大可動域を引き出す

②

①

片脚を持ち上げて下ろし、ストレッチ! ふらつかないようバランスに注意する

つま先は平行にして立つ。片ヒザを両手で抱えたら下ろし、もう片方の脚を後ろに伸ばして両手を床につける。前脚の内くるぶしにヒジを近づけヒザを広げる、上体を起こして元に。左右交互に2セット。

ヒザは外側に
開き、おしりに体重
が乗るように意識

③

④

つま先は常に
まっすぐ前を向く
ようにキープ

⑤

［動かす］

ダイナミックな動きで「おしり」の潜在能力を引き出す

片脚立ちのときに
上半身が後ろに
倒れないよう注意
①
②

ヒザはつま先より
前に出さず、内側
にも入らないよう
③

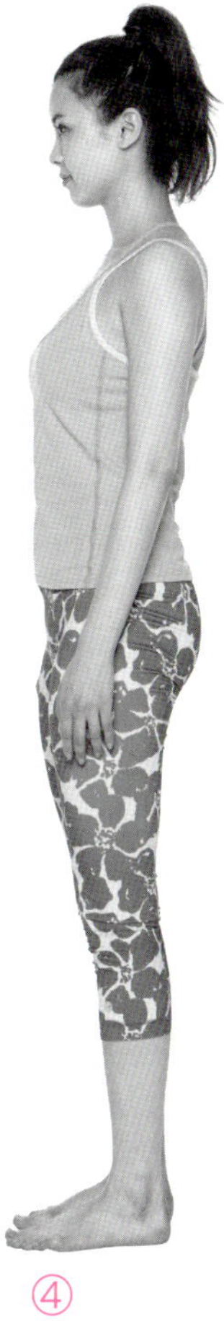
④

片脚を持ち上げ、手を離し前に踏み込む!
重心を前脚に、身体をアップダウンさせる

足幅をこぶし1個分開け、つま先を平行に。片ヒザを両手で抱え、手を離して足を前に踏み込む。前ももに手を置いて重心を移動したら、前脚側のおしりを意識しながら身体を上下に5回動かし元に戻る。左右交互に2セット。

きる〝ながら〟美尻トレ

ちょっぴり工夫するだけで美尻効果アップです。

おうちで美尻トレ

TVを観ながらヒザ開き

床に背筋を伸ばして座る。足の裏を合わせて、胸を張り、腰の反りはキープしたまま、ヒザを上下に動かす。股関節の柔軟性を高め、おしりや内ももの筋肉をゆるめる効果が高い。

歯磨きしながら片脚上げ

歯を磨いている間、片脚を10秒ずつ、交互に上げてバランスをとる。鏡を見ながら、身体が左右に揺れないよう、できるだけまっすぐの状態をキープ。美尻に重要な「腸腰筋」を強化。

おしりを目覚めさせる！

日常で気軽にで

美尻トレは毎日の生活の中でも実践できます。日常

at home

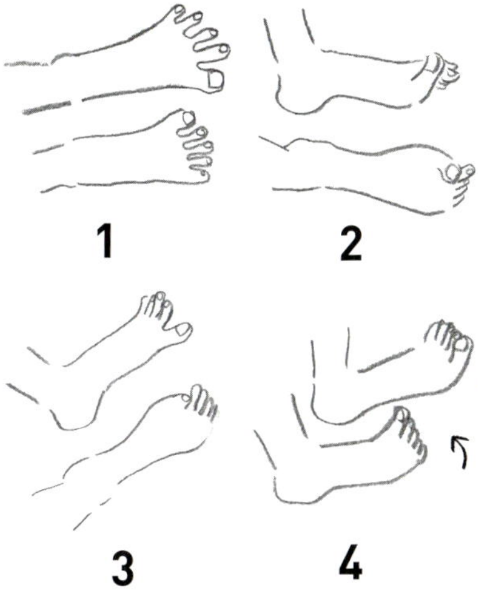

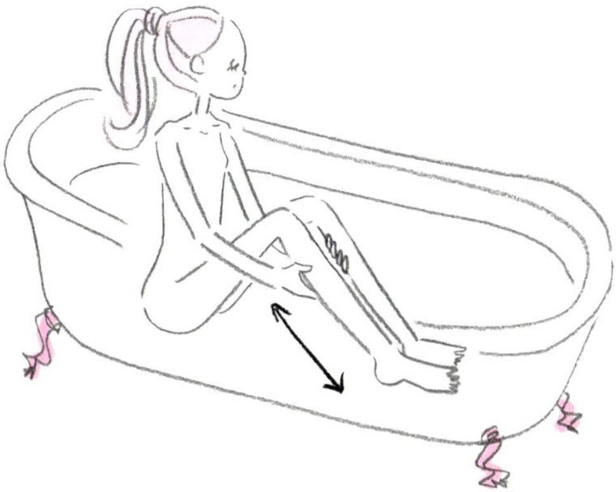

お風呂の中で足指じゃんけん

浴槽のふちにかかとをのせた状態で、足の指をじゃんけんのパーとチョキを作るように動かす。最後に足の指を思い切り反らせて、ふくらはぎをストレッチ。外反母趾予防にも。

お風呂の中でふくらはぎ揉み

浴槽で、ふくらはぎを揉んでマッサージ。足首の辺りからヒザ裏まで、下から上へ揉みほぐす。最低1分。ふくらはぎにかかっている緊張をゆるめると、おしりの筋肉を意識しやすくなる。

通勤途中で美尻トレ

つり革につかまり、つま先動かし

電車のつり革につかまったまま、つま先だけを上げる動作を繰り返す。席に腰掛けてやってもOK！　足幅はこぶし1個分を目安に開く。つり革を持たずにやると効果倍増。

道路の白線上を大股歩き

足幅をこぶし1個分開き、つま先はまっすぐ。胸を張り、腰は軽く反らす。その状態をキープしたまま、目線は遠くを見るようにして、1本の線からはみ出ないよう大股で。100mを目安に。

つり革につかまり片脚上げ

つり革につかまり、片脚を少し上げる。背筋を伸ばし、ヒザはなるべくまっすぐ前を向くよう意識。この動作を左右交互に繰り返すと、バランスをとるためおしりの筋肉が鍛えられる。

電車の中でサイドステップ

つり革につかまり片脚を少し上げる。支える脚の重心を外側にずらし、元の位置に。軸足の重心を意識しながら横移動させる感覚で。揺れる電車の中だと、少しの動きで高い効果が。

オフィスで美尻トレ

椅子にゆっくり腰掛ける

おしりを突き出すよう意識しながら、４秒かけて止まるようゆっくり腰掛ける。足幅はこぶし１個分開け、ヒザがくっつかないようにがんばる。おしりの筋力アップに効果あり。

前屈みの姿勢で階段のぼり

階段をのぼるときに、上半身を少しだけ前に倒して胸を張り、おしりを突き出すように。顔が下を向かないよう、階段を下へ押し込むよう歩く。ヒザが内側を向かないように意識を。

at work

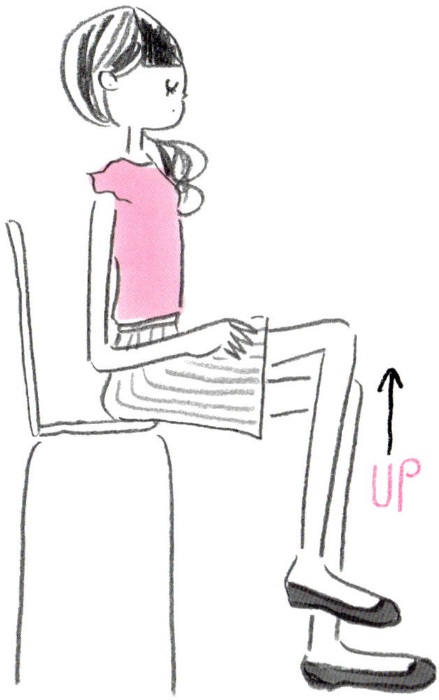

椅子に座って足でバイバイ

椅子に胸を張って座る。脚を伸ばしてかかとを床についたら、足でバイバイするように、股関節から外側と内側に動くように意識する。この動作を20回繰り返す。

椅子でヒザのアップダウン

椅子に座ったままの状態で、骨盤を意識して胸を張る。股関節を動かすようにしながら、ヒザを上に動かす。片脚20回を左右交互に。ヒザが内側を向かないように注意して。

知らずにやってない？　ダメ尻を生む

「おしり」のNG習慣

日常でついついやっていることが、ダメ尻の原因に。
チェックリストでひとつでも当てはまったら、今日から改善!

✕ 階段は使わず、いつもエスカレーター

✕ 片方の脚に体重をかけて立つのがクセ

✕ おしりは補整下着で常に締めつけ状態

✕ 電車に乗ったら、もちろん座席に座る

✕ 身体の後ろ側、背中やおしりは鏡で見ない

✕ オフィスでは長時間椅子に座りっぱなし

美尻対談

おしりマニア２人の「美尻」本音トーク

おしりを鍛える専門家・松尾タカシさんと、美尻を追求するドクター・山屋雅美先生の、おしりへのこだわりがスパーク！

「最新パーツ美容は
〝おしり〟の
時代が来ます！」

「日本にかっこいい
おしりを増やすのが
僕の使命です」

TAKASHI MATSUO

ヒップアップ・アーティスト
松尾タカシ

MASAMI YAMAYA

美のカリスマドクター
山屋雅美さん
タカミクリニック

松尾さん（以下敬称略）　山屋先生が僕のトレーニングを受けるようになってから、1年くらいですかね。

山屋先生（以下敬称略）　はい。うちの母に「雅美ちゃん、最近おしり下がってきたからどうにかしたほうがいいわよ」って言われたのがきっかけです（笑）。インターネットで調べてみると、偶然ですが松尾さんが私の通っているジムでおしりのセッションをされているのを知って、お願いしました。

――美尻トレを始めてから、おしりの変化はどうですか？

山屋　わりとすぐ、おしりに効いているなとわかりました。2ヵ月ほどで母からも「おしり上がってきたわね」と。最近は有酸素運動も取り入れてもらっています。

松尾　お母さまも以前、僕のセッションを受けられてましたが、美意識がとても高い方なんです。そして山屋先生ご自身はほんとうに努力家！　トレーニングのときの集中力は、もう半端ないですよ（笑）。

山屋　いやいや、でもダイエットがなかなか進まなくて（笑）。ただ、松尾さんに見ていただくようになってから、日常でも、たとえば電車のつり革につかまっておしりをきゅっと締めているときなんかに「今おしりの筋肉使えてるな」って、感じられるようになりました。

――山屋先生のおしりは何タイプになるんでしょうか？

松尾　山屋先生は〝あひるタイプ〟になります。先生、ちょっと立っていただいてもいいでしょうか？

――わあ、すごいキレイなS字カーブ！（一同ざわめく）

松尾　そうなんです、山屋先生のおしりはすばらしいんです。腰もしっかり反って

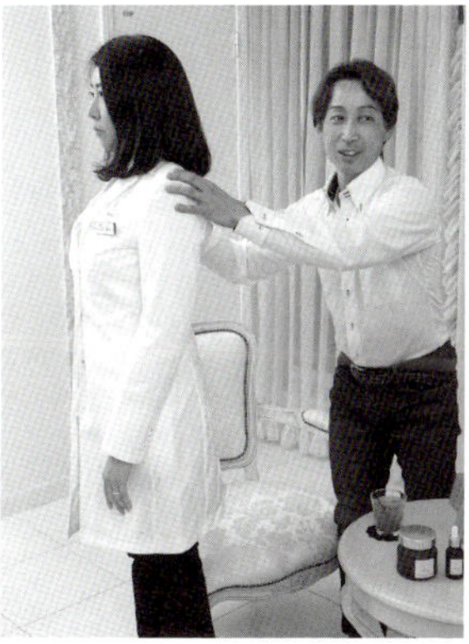

「松尾さんの美尻トレで私のおしり、だいぶ上がりました」（山屋）

おしりも出てる。脚がもう少し外側に回るようになれば、ほぼ理想型。腰の位置も高くて、日本人離れしてる体型ですよね！

山屋　実は以前は、おしりが大きいんじゃないかってコンプレックスがありました。でも、松尾さんと出会って、その魅力を生かしたトレーニングができると知ったんです。むかし通っていたジムでは、壁に背中をつけたときに腰が反り過ぎだから、調整しなさいと言われたんですが、そうしたら逆に腰を痛めてしまって……。

松尾　日本では従来、山屋先生みたいに腰が反っているのはNGだとされていました。だけど山屋先生の場合、欧米人と同じように、腸腰筋が強くて骨盤が前に倒れているから、腰は反っていても腰痛にならないんです。日本ではニュートラルポジションといって腰がまっすぐ立つほうがいいとされているけど、これは腰への負担は少ないけれど、見た目がかっこよくない。だからまずは日本での固定観念を変えていかないと、日本人のおしりはかっこよくなりません。身体への負担もなく、見た目も美しいほうが、絶対にいいでしょう？

――山屋先生はおしりへのこだわりが強いそうですが、きっかけは？

山屋　もともと私はおしりが普通の人より上がっていたので、気にかけていたんですね。で、大学時代に男子がグラビア雑誌を見ていたのですが、そこに出ていた水着姿の女の子のおしりにぶつぶつがいっぱいあって。それにショックを受けまして……。そこから、人のおしりが気になり始めました。

松尾　まだフォトショップで写真修整とかしなかった時代ですね。

山屋　大学では医学部に通っていたので、将来皮膚科医になったら、おしりにコンプレックスを持っている人の役に立てるのではと考えていました。それに個人的に

「理想の質感は、やっぱりみずみずしい桃尻ですよね」（松尾）

MASAMI YAMAYA × TAKASHI MATSUO

松尾さんが開発したヒップボール￥2100（税込み）
http://www.progress-body.jpで注文可能

も、上半身はキレイにしているけれどおしりは汚い、というのが許せなくて（笑）。でもおしりってあまり見せる機会がないからか、クリニックでも相談は少ないんです。

松尾　山屋先生も、ほんと美意識が高いですよね（笑）。僕のほうは仕事柄、よく相談をされます。実際、おしりのニキビとか黒ずみで悩んでいる方は多いですよ。だけど皆さんきっと、誰に聞いたらいいのかわからないんだと思います。

山屋　クリニックではおしりの悩みを改善できる施術メニューもたくさんあります。特におしり用とは謳ってないのですが。

松尾　どのようなものがあるのですか？

山屋　ニキビでしたら、高濃度のピーリングをしてイオン導入なども可能です。黒ずみもレーザーでだいぶ改善できますね。あと顔にするメソフェイシャルという美容成分を浸透させる施術も、要望があればヒップに対応できますよ。

――おしりの悩みに多い、セルライトはどうですか？

山屋　セルライトは脂肪と繊維がからまって固まったものなので、マッサージ的な治療や脂肪を減らしていく治療が有効です。脂肪溶解注射というのがあるのですが、脂肪だけ減らすと皮膚はたるんでしまうので、それにウルトラアクセントやテノールという超音波や高周波のマシンを併用して、たるみを予防しながら治療します。

松尾　僕が開発したおしりの筋肉を緩めるマッサージボールをゴロゴロして、むくみを解消するのも、セルライト予防には効果的です。

山屋　私もいただいて、ジムのお風呂やサウナでゴロゴロしてます。

――おしりのニキビ予防で気をつけたほうがいいことは？

山屋　おしりって毛穴が多いので、毛穴が詰まってニキビになることも多い。です

PROFILE

山屋雅美

やまやまさみ●美容皮膚科医。埼玉医科大学卒業後、さまざまな大学病院にて皮膚科医として勤務。現在、日本最先端の美容医療で評価の高いタカミクリニックにてアンチエイジング、ニキビ治療を担当

左からタカミスキンピールボディ（220g）¥8400、イオレーゼAPSソリューション（80ml）¥8400、タカミゲル（50g）¥4360（すべて税込み）

から産毛が多い方には脱毛をおすすめしています。

松尾　山屋先生はつるつるのおしりじゃないと許せないんですよ。

山屋　うちの夫のおしりはぷりっとしているのですが、よく見たら毛が生えていたのが許せなくて。ぶつぶつもあったから「こんなんじゃダメよ」って、まず最初は薬を塗ってもらったのですが、そのあと脱毛もしてもらいました（笑）。

松尾　山屋先生は、ほかにどんなおしりケアをされてますか？

山屋　お風呂上がりにタカミクリニックのスキンピールボディを塗っています。これ一本で保湿もできるので、疲れていて面倒なときでも気軽にケアできるのが気に入ってます。角質をはがすのではなくて柔らかくしつつ、正常なターンオーバーを促すもの。あとは、乾燥していたらベタベタしないゲルタイプの保湿剤を塗ったり。

松尾　理想の質感は、やっぱりみずみずしい桃尻ですよね。

山屋　そうですね、つるつるさらさらの。せっかく鍛えるなら、形だけでなく触ったときもキレイなおしりがいいですから。

松尾　僕はヒップのフォルムは変えられるけど、質感は先生のようなプロにお任せするのがいちばん！　こうやって、〝おしり〟というキーワードでいろいろな人達がつながって、日本人のおしりへの意識を変えていけたらいいですね。

山屋　みんなもっと、おしりについての悩みをオープンにしていけたらいいですよね。診察では美尻になるためのアドバイスもさせていただいていますので、悩まれている方は遠慮なさらず、一度クリニックにいらしてください。

松尾　山屋先生みたいなかっこいいおしりの方が言うと説得力があります。どうか日本にも、その〝美尻マインド〟を伝道していってください！

「桃尻肌」の作り方

後ろ＝おしりにも気を配るのが新常識です！

週に1〜2回、ソフトピーリング剤などで古く硬くなった角質をケアする。その場合、お風呂から上がった後の保湿ケアも大切
長時間座るデスクワークの場合、1時間に1回くらいは立ってお尻一点への負担を軽減
CHANGE!
ナイロン系の下着は肌への摩擦が大きいので、コットンやシルクの下着を身につける
座るときはなるべく硬い所ではなく、座布団やクッションを使用して摩擦を分散する

黒ずみ改善

理想のおしり肌の大敵は黒ずみ。色素沈着や硬くなった角質などが原因。日常のちょっとしたケアで、白いおしりをキープ！

黒ずみ&ニキビ対策

さらさらプルプルな

お肌ケアは身体の前面だけではなく

お風呂上がりなどの湿った状態で、すぐに下着をつけない
できてしまったニキビに対してごしごし洗うのは逆効果！ そんなときほどたっぷりの泡で優しくなでるように洗う
代謝が低下するとニキビができやすくなるため、お風呂上がりにヒップまわりや下半身のストレッチや保湿マッサージを
日中もストッキングなど蒸れやすいものは、通気性のいい下着と組み合わせる

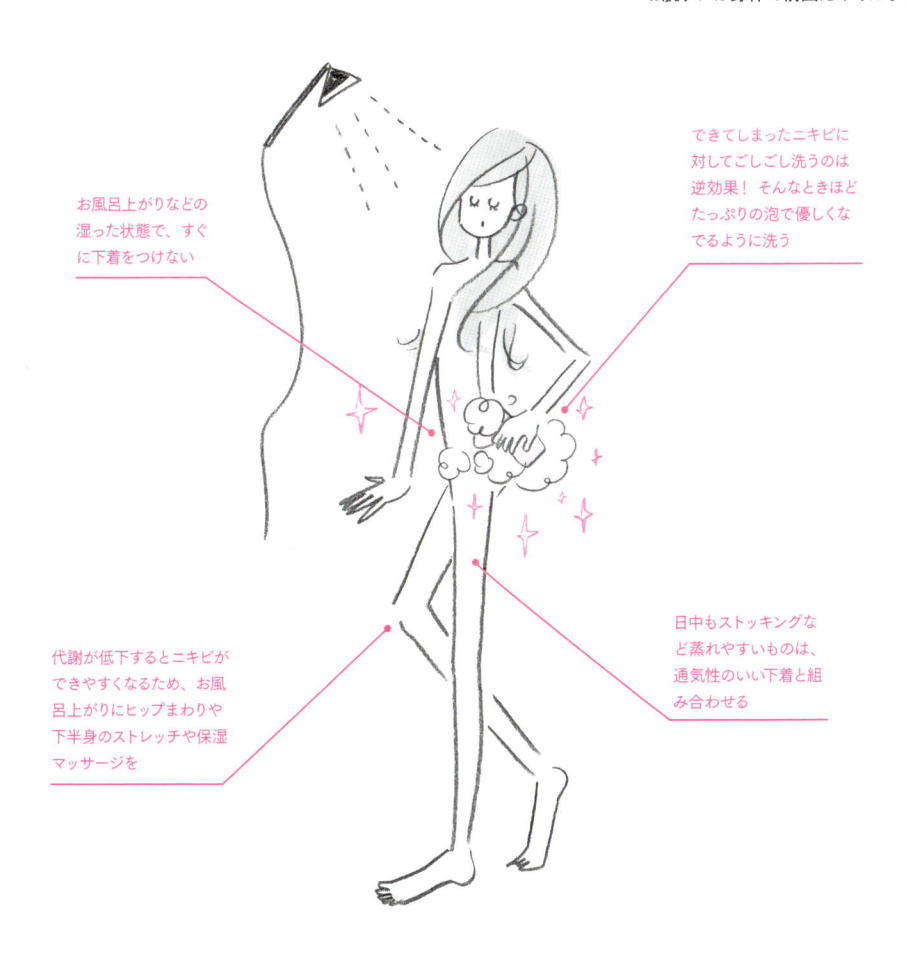

ニキビ改善

おしりの悩みで多いのがニキビ。生活改善による代謝アップやおしりの蒸れに注意して、ピュアな赤ちゃんみたいなおしりを！

協力：ブドワール ド シュウ

美尻をつくる 11ヵ条

1 「見られている」という緊張感を持つ

2 Tバックでおしりに重力を感じさせる

3 顔と同じくらい角質オフと保湿でケア

4 普段から胸を開くよう心がける

5 立つときはヒザを外側に向け内股を避ける

6

脚をなるべく組まないよう気をつける

7

階段は格好の美尻トレの場と思うべし

8

オフィスでは長時間座り続けずブレイクを

9

出かけるときは後ろ姿も鏡でチェック

10

美尻トレを1日5分続けてみる

11

おしりは手をかけた分だけ美しくなると心得る

凛として。美しく。しなやかに。
「おしり改革」で幸せな人生を

僕が主宰する美尻トレのプログラム「プログレス・ボディ」のコンセプトは、「凛として。美しく。しなやかに。」。そんなおしりになってもらうことが目標です。さらに言うと、おしりを鍛えることで、かっこいいボディだけでなく、美しい姿勢や身のこなし、自信だったり、生活の快適さだったり、いろいろなものがもたらされると思います。ですからこの本の美尻トレで、理想のおしり作りはもちろんのこと、その先の、幸せな人生を歩んでいただきたい。それが僕が提唱する「ヒップアップ・ムーブメント」。皆さんが、よいおしりと素敵な未来を手に入れますように。

ヒップアップ・アーティスト
松尾タカシ

松尾さんのおしりに対する情熱と美尻トレのすごさを伝えたい！

この本を作るきっかけは、講談社『ＦＲａＵ』のおしり特集で松尾さんにお会いしたことでした。そのおしりに対する知識と情熱に圧倒され、さらに実際トレーニングを受けてみて、今までいかに自分がおしりの筋肉をきちんと使えていなかったかという事実に衝撃を受けたのです。私は長年Ｏ脚が悩みで、整体に通ったりピラティスで鍛えたりしていたのですが、効果が出なかったのは、おしりが使えていなかったからだったのですね。Ｏ脚以外にも、さまざまな体型の悩みを解決してくれるであろう、美尻トレ。読者の皆様を理想の美ボディに導いてくれること、間違いなしです。

さかいもゆる

松尾タカシ

ヒップアップ・アーティスト

長年のフィットネストレーナーとしての経験から、機能解剖学上でも重要な意味を持つ器官である「ヒップ」に着目。おしりの筋肉を鍛えることによって、身体機能を活性化しながら姿勢を正し、身のこなしを美しく変えるメソッド「Progress Body」を開発。日本初のおしり専門トレーナーとして、おしりへの意識が低い日本人のなかに〝ヒップアップ・ムーブメント〟をもたらすことを目標としている。http://www.progress-body.jp

さかいもゆる

『VOCE』、『ViVi』など女性誌を中心にファッション、ビューティなどの最新トレンドを、いち早く紹介するライターとして活躍。また海外セレブ情報にも精通し、「i-VoCE」ではセレブの名言をテーマにコラム『ハリウッドセレブの「恋する言葉」』を連載中。出版プロデュースしたものに、ミス・ユニバース・ジャパン公式栄養コンサルタントのエリカ・アンギャル監修『グルテンフリーダイエット』ほか。

〝美乳《びにゅう》〟も〝美脚《びきゃく》〟も〝美尻《びじり》トレ〟から

ヤセたければ「おしり」を鍛《きた》えなさい。

2014年7月10日　第1刷発行

著者　松尾《まつお》タカシ　さかいもゆる

発行者　持田克己

発行所　株式会社　講談社
〒112-8001 東京都文京区音羽2-12-21
出版部　03-5395-4519
販売部　03-5395-3606
業務部　03-5395-3615（落丁本、乱丁本はこちらへ）

印刷所　凸版印刷株式会社
製本所　大口製本印刷株式会社

デザイン_attik
イラスト_田中麻里子
撮影_伊藤泰寛
モデル_奥間 唯（elite）
スタイリング_高垣鮎美（LOVABLE）
ヘアメイク_大山恵奈（nap）

モデル衣装：トップス¥7500／ジュリエ／ネイト ピーアール ☎ 03-3405-8836　レギンス¥7600／ロキシー／クイックシルバー・ジャパン☎ 0120-32-9190

ISBN978-4-06-219068-8